항공
관광분야
진로직업
알아보기

국내 최초 전국 150만 고등학생 및 예비 항공인을 위한

항공/관광분야
진로, 직업 알아보기

Preface

"사방이 막혀 답답할 땐, 고개 들어 열린 하늘을 바라보자~"

현재같이 취업이 어려운 시대에 그 누가 "자신이 원하고 바라는 곳에 취업을 할 것이다."라고 자부할 수 있을까?

대부분의 취업준비생은 취업에 대한 걱정과 불안감에 몸서리치며 힘든 대학생활을 보내고 있을 것이다. 그리고 고등학교 시절부터 어느 정도 자신의 진로에 대하여 진지하게 고민해 보고 자신이 원하는 길을 찾기 위해 한 번이라도 노력해본 학생이라면 현재의 감당하기 어려운 취업불안을 몸소 느끼게 될 것이다.

또한 극심한 구직난으로 인해 구직의사가 있지만 일자리를 얻지 못한 실업자가 32만5천명으로 청년실업률은 7.6%를 기록하여 작년 6월에 비해 1.5%나 급상승하고 있다. 이에 따라 실업자와 구직 단념자를 제외한 청년 취업자는 3백96만9천명으로 사회에 나온 졸업 · 중퇴자의 70%에도 못 미쳤다.

대학입학의 기쁨도 잠시, 대학을 졸업해도 갈 곳이 없다.

올 하반기 국내 기업들은 공채계획을 거의 갖고 있지 않다. 이 때문에 내년 초에도 대학졸업생의 취업난은 예상을 뛰어넘는 최악의 수준이 될 것으로 우려하고 있다. 요즘 같아선 대학졸업이 곧 실업인 것으로 인식되고 있는 것이다.

하지만 국내에 이러한 예상을 완전히 뛰어넘는 직업분야가 있다. 바로 "항공/관광분야"인 것이다.

올해 내국인의 항공사 이용은 1억명을 훌쩍 뛰어넘었고 다른 국내체감경기와 달리 갈수록 가파른 증가세를 보이고 있다. 또한 오늘도 생성되고 있는 많은 저가항공사와 항공지상직 부문, 그리고 관광부문 직업이 여러분에게 구애의 손짓을 하고 있지 않은가?

이러한 내외적 요인에 힘입어 항공 · 관광 부문은 장기적으로 상당한 수익창출, 일자리창출 부문에 있어서 모든 기업부문의 모범이 될 것이며, 항공/관광부문 채용도 날로 증가하고 있다.

또한 인천국제공항 제2터미널의 완공을 앞두고 있어 어마어마한 규모의 항공분야 대내 · 대외 지상직 채용도 예견되고 있다.

따라서 현재 양적 · 질적으로 급상승하고 있는 이러한 항공/관광부문이 창출하는 일자리에 대해서도 미래의 수혜자인 고등학생 여러분에게 상세히 알려줄 필요가 있어 이 책을 집필하게 되었다.

이 책은 고등학생을 대상으로 하여 국내에서는 아마도 처음 출간되는 항공/관광부문 직업전문서, 지침서가 될 것으로 예상되며 많은 예비승무원, 예비항공인, 예비지상직, 예비호텔리어, 예비여행직을 꿈꾸는 고등학생에게 거의 복음서가 될 것으로 믿어 의심치 않는다.

책의 구성은 항공/관광부문에 관심 있는 고등학생 여러분이 대학의 학과를 선택하고 입시하는 절차와 대학생활요령 그리고 항공사 객실승무직을 위

　주로 외항사, 조종사, 지상직, 조업직, 호텔, 여행사관련된 모든 직업군을 총망라한 36종을 심층 소개하였으며 항공/관광부문 직업을 고등학생이 이해하기 쉽도록 "직업의 개요"➡"주로 하는 일"➡"자격 및 보수"➡"필요한 덕목"➡"채용회사"➡"채용방법"으로 나누어 항공/관광관련 직업에 대해 알아보게 하였다.

　책의 마지막장에는 1년에 한 번씩 책의 저자가 독자인 전국 고등학생을 대상으로 "항공분야 진로설명회"를 개최하여 본서를 구독했던 고등학생들의 항공/관광부문의 꿈을 이루어주는 절차를 만들고자 한다. 저자 직강인지라 응모한 모든 고등학생을 전부 선택해 드리긴 어렵지만, 할 수 있는 한 많은 고등학생을 추첨하여 저자의 항공/관광부문 취업강의, 설명을 들을 수 있는 기회를 드리고자 한다. 고등학생 독자 여러분의 많은 응모를 바라며 ……
　모쪼록 이 책을 읽은 우리 고등학생들의 항공/여행부문 대학, 전문대학, 전문학교 선택과 장래 항공/관광업계 진로를 설정하는 데 많은 도움이 되기를 기대하며 저자는 전국 고등학생 여러분들이 자신의 능력을 항공/관광부문 직업에서 마음껏 역량을 펼칠 수 있는 멋진 하늘이 되고 싶을 뿐이다.

　끝으로 바쁘신 와중이지만 항상 웃음을 잃지 않고 긍정의 에너지를 마음껏 주고계신 한올출판사 임순재 대표님, 추연민 부장님, 최혜숙 실장님께 심심한 감사의 뜻을 전한다.

Contents

Contents

Contents

2016년부터는 국내항공사의 객실승무원 정년도 만 60세로 4년 정도 늘어나게 되었고, 따라서 적절한 자기관리와 우수한 비행 근무태도를 계속 유지한다면 남녀차별 없이 개인이 희망하는 오랜 기간 동안 항공사 근무가 가능합니다. 저자가 그동안 항공기에서 이야기를 나눈 승객의 이야기를 종합해 보면 비행기를 이용하는 승객에게 객실승무원이란 위치는 승객 자신의 안전을 지켜주고 장거리 비행 동안 돌보아 줄 훌륭한 인재라고 생각하지 승객 자신이 우위에 있다고 생각하지는 않는다고 봅니다. 아직도 마음속에는 비행기를 이용하게 될 때 마주치는 멋진 객실승무원을 보게 된다면 가슴이 벅찰 정도로요……^^

Chapter 01

국내 항공사 객실승무원

Airline Cabin crew

01 국내 항공사 객실승무원
Airline Cabin crew

항공사 객실승무원의 정의 및 자격

✈ 객실승무원 정의 및 자격

객실승무원(Cabin Crew, Cabin Attendant, Flight Attendant, Stewardess (Steward)) 이란 무엇일까요~

정의는 항공기에 탑승하여 항공기 안전 운항과 승객의 안전을 위하여 객실 내 업무를 수행하여 비상탈출 시 안전하고 신속하게 비상탈출 업무를 수행하는 자를 말합니다(항공법 제1장 제2조 제5항). 따라서 항공기 객실승무원은 비행 중 객실업무 수행을 위한 훈련과정을 이수하고 평가에 합격한 자이어야 하며 직급과 근무연한에 따라 필요한 교육과정 및 보수교육을 이수한 자이어야 해요~

또한 항공기 안전운항을 위해 객실 비상사태나 응급환자 발생 시 필요한 조치를 취할 수 있는 지식과 능력을 겸비해야 하며, 이를 학습하고 유지하기 위해 소정의 교육훈련(신입안전훈련, 기종전문훈련, 정기안전훈련)을 이수하고 최종절차에 합격한 자이어야 합니다.

✈ 객실승무원의 유래

세계 최초로 승객운송의 상업운항을 시작한 항공사는 1909년 설립된 독일의 델라크(Delag)항공사이며 채플린(Zepplin)이라는 비행선을 운용하였다고 해요~

최초의 객실승무원 업무는 델라크 비행선에서 시작 되었으며 최초의 남승무원은 독일 출신의 남성 스튜어드(STWD) 하인리히 쿠비스였고 그러나 이때는 객실의 안전에는 관심이 전혀 없었으며 오직 선내에서 승객에게 식사를 제공하는 업무만 담당하였어요. 이러한 시기가 계속되다가 여성이 객실승무원으로 탑승한 것은 미국에서 처음 시작되었으며, 유나이티드 항공사의 전신이기도 한 보잉항공수송회사(Boeing Air Transport)가 1930년에 현지 간호사를 채용하여 탑승하게 하였고 그때 처음 탑승한 여승무원은 엘렌 처치(Ellen Church)였습니다 ^^

엘렌 처치(Ellen Church)는 처음에 보잉항공사의 조종사가 되기 위해 지원하였으나 여성이라는 이유로 거절당하자 자신이 항공기 객실의 간호사로 탑승하면 승객들이 느끼는 비행공포를 감소시킬 것이라 제안하여 보잉항공사가 그녀의 제안을 받아들였고 샌프란시스코와 시카고 구간을 비행하면서 커피와 샌드위치를 제공함으로써 기내 서비스의 장이 열리게 되어 세계 최초의 스튜어디스 1호로 명명되었어요~

이후 해당 노선의 항공사 이용 승객들이 좋은 평

가를 내리자 미국 내 전 항공사에서 제도를 시행하였으며 유럽대륙에서는 에어프랑스(Airfrance)항공사의 전신인 파아망항공사(Farman Airlines)가 국제선에 여승무원을 탑승시키는 것을 시작으로 여승무원 탑승제도는 유럽까지 전파되었습니다.

당시 여승무원의 호칭은 '스카이걸(Sky girl)' '에어 호스테스(Air hostess)', 스튜어디스(Stewardess)' 등이 있었으며 그중 스튜어디스라는 호칭이 지금까지 사용되고 있습니다. 그 후 여승무원이 되기 위한 간호사의 조건은 세계 제2차대전 이후로 사라졌으며 제트 항공기가 개발되고 비로소 객실 안전이 강화되어 안전 측면에서 객실승무원의 탑승이 의무화되었어요~

우리나라에서는 1948년 노스웨스트(Northwest Airlines)항공사가 국내에 취항하며 한국인 여승무원을 현지승무원으로 채용함에 따라 국내 최초의 '스튜어디스'로 근무하게 되었습니다.

- 1909년 : 독일인 하인리히 쿠비스가 최초의 남자 객실승무원이자 힌덴부르크 참사의 생존자인 한 사람
- 1928년 : 독일의 루프트한자항공사에서 객실승무원이 최초로 탑승하였으나 승무원은 여성이 아니라 남성
- 1930년 : 최초의 여승무원은 미국 유나이티드항공에서 1개월간 실험적으로 근무했던 간호사였던 엘렌 처치
- 1948년 : 대한민국 최초의 여승무원 탑승(노스웨스트항공 한국어 통역 승무원)

✈ 객실승무원의 자질

항공사마다 요구하는 객실승무원의 자질과 인재상은 항공사별로 다소 차이가 있어요~

공통적으로 추구하는 인재상은 투철한 객

객실남승무원 Wing   객실남승무원 견장   객실여승무원 Wing

실승무원의 직업의식, 철저한 안전의식, 봉사정신과 서비스 마인드, 원만한 인간관계, 글로벌 매너와 에티켓, 능숙한 외국어 구사능력, 철저한 자기관리, 건강한 신체와 체력이며 가장 많은 시간을 할애하는 것이 기내에서의 고객응대이므로 다른 어떤 직업보다 친화력이 필요다고 생각되죠?

또한 글로벌 항공회사의 필수 인재로서 각국의 문화사절단의 역할을 수행하므로 글로벌 매너와 외국어 구사능력이 필수적이고 항공기 탑승 근무에 적합한 신체 및 정서적 건강 조건을 항상 유지하여 기내에서 원만한 업무를 수행할 수 있어야 하며 요즘 대학 재학시절의 학점을 많이 참고하는 항공사도 상당수 있으니 재학시절 성실과 끈기로서 좋은 평가를 받을 수 있도록 노력해야 해요~^^

🛫 객실승무원의 장점

세계 각국의 다양한 문화와 문물을 익힐 수 있어요~

국제선 비행을 하게 되면 항공사에서 전략적으로 운영하는 유럽/미주/오세아니아/남미/아프리카 등 지구촌 모든 곳에 체류하게 되어 자연적으로 그곳의 문화와 문물을 습득하게 되겠죠? 저자도 1985년도 스위스를 처음 비행으로 방문하여 이전에 보지못한 의복,

문화, 풍습과 그 나라의 음식(퐁듀)에 흠뻑 빠진 경험이 있었고 그 다음 비행이 파리였는데 중·고등학교 교과서에서만 보아왔던 에펠탑을 처음 보았던 감격과 흥분은 지금도 잊지 못하고 있어요~

세계 각국의 다양한 문화와 문물 그리고 특색 있는 현지음식을 접할 수 있다는 점이 객실승무원 지망생에게는 제일 큰 장점으로 부각되리라 생각하며 입사 후 비행근무를 시작하고 어느 정도 시간이 경과하면 세계의 어떤 인텔리와도 견주어 볼 수 있는 지적인 모습, 현지문화와 문물에 대한 멋진 지식을 자연스럽게 습득하게 됩니다.

여성/남성의 사회적 지명도가 높아요~^^

남녀차별 없이 자신의 능력을 보장받는 것이 객실승무원으로서 가장 큰 매력이라고 할 수 있으며 항공사에서는 오히려 "남성이 역차별 당한다."라는 우스갯 소리가 나올 정도로 여성에 대한 대우가 파격적이에요~

또한 2016년부터는 국내항공사의 객실승무원 정년도 만 60세로 4년 정도 늘어나게 되었고, 따라서 적절한 자기관리와 우수한 비행근무태도를 계속 유지한다면 남녀차별 없이 개인이 희망하는 오랜 기간 동안 항공사 근무가 가능합니다. 저자가 그동안 항공기에서 이야기를 나눈 승객의 이야기를 종합해 보면 비행기를 이용하는 승객에게 객실승무원이란 위치는 승객 자신의 안전을 지켜주고 장거리 비행 동안 돌보아 줄 훌륭한 인재라고 생각하지 승객 자신이 우위에 있다고 생각하지는 않는다고 봅니다. 아직도 마음속에는 비행기를 이용하게 될 때 마주치는 멋진 객실승무원을 보게 된다면 가슴이 벅찰 정도로요...^^

이 글을 읽는 고등학생 여러분은 미래의 우리나라와 소속 항공

사를 대표하는 멋진 커리
어우먼, 커리어맨이라 할
수 있겠죠?

여승무원 헤어핀

사우디아라비아 체류 시 복장

깔끔하고 세련된 용모와 국제적 매너를 몸에 익힐 수 있어요~

국제여행의 관문 영국

19

객실승무원의 특성상 매번 비행 시 실시하는 것이지만 지적 메이크업, 단정한 용모복장을 자연스럽게 습득할 수 있고 국제적인 승객과 항상 마주하는 직업인 만큼 모든 상황에 대처할 수 있는 국제적 매너를 자의반 타의반 매년 실시하는 항공사 보수교육과 현지에서 부딪히는 실전으로 쉽게 체득할 수 있어요~

비행 근무 시 어느 객실승무원의 말에 의하면 자신을 무대에 올라간 연극배우로 지칭하고 싶다고 합니다. 이유는 항공기 기내라는 제한된 공간에서 모든 승객이(항공사에서 제공하는 영화 이외 딱히 볼 수 있는 장면이 없어요~) 승무원의 일거수 일투족을 주시하고 있으며 승무원의 말과 행동에 따라 담당구역의 비행 분위기가 좌우되기 때문에 매번 비행 나갈 때마다 무대에 서는 연극배우가 무대 뒤편에서 엄청난 준비를 하듯이 자신도 수많은 비행 때마다 그렇게 몸과 마음을 준비하는 과정에서 자기도 모르게 세련된 용모와 매너를 습득하게 되었다고 합니다.

항공사의 좋은 복지를 마음껏 누릴 수 있어요~

국내 항공사에서는 항공사별로 차이는 있지만 항공사 직원 및 객실승무원에게 가

족 및 본인의 무료 항공권을 지급하고 있어요~

또한 다른 나라 제휴항공사에서도 같은 혜택을 받을 수 있기 때문에 사실상 지구상의 모든 항공사 비행기를 승객 대비 약 10~15% 정도의 비용만 지불하고 이용이 가능하며 이러한 항공권은 재직 중 가족뿐만 아니라 처부모와 시댁부모까지 이용이 가능하고 특히 대한항공에서는 재직 중 결혼하면 신혼여행지 왕복 항공권을 비즈니스 클래스로 제공합니다. 또한 외국에 나가면 체류호텔/관광지/면세점/운송수단/헬스클럽/식사까지 객실승무원에게 많은 할인을 제공하여 일반 승객 대비 상당히 저렴한 가격에 이용할 수 있고 일부 항공사에서는 객실승무원의 학습을 위해 물심양면으로 많은 지원을 하고 있어요~

가령 대학원을 진학하는 승무원에게는 학비를 지원하고 외국어 향상을 위한 시험비용도 일부 지급하고 있으며 자제들의 중·고등학교 및 대학교 학비, 유학 학비도 전액 지원하고 있을 정도로 복지가 풍~~~성 합니다.

비교적 높은 급여를 받을 수 있어요~

에어프랑스 항공사 A380

대한항공 A380

아시아나 항공사 A380

항공사 객실승무원은 본봉 이외에 비행수당을 받게 되는데 비행수당이 본봉과 거의 맞먹을 정도로 충분하게 책정되어 있어요~

또한 비행수당에는 할증제도(월 실제 비행시간이 80시간이 넘으면 그 이후부터 탑승하는 비행시간이 할증됨)가 있어 비행을 많이 하면 할수록 생각한 금액보다 훨씬 높은 급여를 받을 수 있으며 해외에서 체류 중 문화 활동비를 포함하여 기타 약간의 체류비용을 회사에서 지급하는 곳이 많아 적절한 소비를 한다면 알차게 해외체류를 즐길 수 있습니다. 아마도 한국에서 미국 달러화와 유로화 그리고 일본화폐의 가치를 알고 마음껏 사용할 수 있는 사람은 몇명 안되리라 생각하며 참고로 국제선 승무원의 지갑을 열어보면 해외 체류를 대비해 항상 미국달러와 유로 그리고 일본화폐는 기본적으로 준비되어 있는 것을 볼 수 있어요.

언어 면에서 일반사람보다 관심 가질 기회와 학습할 수 있는 환경을 쉽게 접할 수 있어요~

만일 영어, 일본어, 중국어, 독일어, 불어, 아프리카어, 서반아어 등...
여러 가지 언어학습에 관심이 있는 고등학교 학생이라면 항공사 객실승무원을 택하는 것은 최상의 선택이라 생각해요~

특히 항공사 객실승무원은 위에 언급한 언어를 사용하는 국가를 직접 가볼 수 있는 기회가 상당히 많아서 본인의 의지만 있다면 한국에서는 상상도 하지 못할 현지 언어 학습방법을 습득할 수 있는 방법이 무궁무진합니다. 또한 항공기에는 현지승무원이 많이 탑승하게 되는데 이러한 현지승무원은 해당 국가에서도 인텔리에 속해 마음만 먹으면 개인교습까지 받을 수 있는 기회도 많아요. 만일 다시 객실승무원으로 돌아간다면 현지승무원들을 현지언어 선생님으로 삼아 3개 국어를 완벽하게 구사할 정도의 실력을 갖추고 싶어요~

여러분은 꼬~옥 이루어 보세요^^

비행 후 시간 내어 보람찬 사내 · 외 사회봉사활동에 참여할 수 있어요~

하늘에서 승객의 마음을 사로잡고 있는 객실승무원은 비행 후 지상에서도 마음만 먹으면 가슴이 따뜻해지는 봉사활동에 참여할 수 있어요~

항공사마다 조금씩 다르지만 주변 이웃에 대한 사랑을 실천하는 객실승무원의 봉사활동으로는 대한항공/아시아나항공의 '하늘 사랑 바자회'와 '캐빈사회 공헌 바자회'가 있으며 각종 회사 내 동아리를 이용하여 장애인 초청 공연과 봉사활동 그리고 겨울나는 어르신과 독거노인, 장애인시설을 위한 '하늘사랑 김장 담그기' 그리고 저소득 가정 대상의 공부방에서 어린이들을 가르치며 노인복지관을 방문하여 배식을 도와주고 묵은 때를 청소하는 등의 객실승무원의 자발적인 봉사활동은 끊임없이 이루어지고 있습니다. 앞으로도 국내의 많은 항공사가 주변의 불우이웃, 장애인, 독거노인, 차상위 계층을 위해 서로의 힘을 보태고 정을 나누기 위해 지속적으로 많은 봉사활동을 계획하고 있어 보람 있는 활동이 기대 된답니다.^^

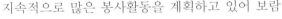

✈ 객실승무원의 신체건강 조건

객실승무원은 항공기 객실업무에 적합한 신체 및 건강조건을 유지해야 하며 그 조건에 미비되거나 부족할 경우 승무원의 자격이 일시 정지되거나 말소될 수 있어요~

따라서 근무에 적합한 신체건강 상태를 항상 유지할 수 있도록 노력해야 하며 승객이나 타인에게 혐오감을 줄 수 있는 신체의 외적 손상이 있을 경우 완전한 회복 시까지 그 자격이 일시 정지될 수 있기 때문에 승무원은 직업상 자신의 안전을 위협할 수 있는 환경에 노출되지 않도록 매우 유의해야 합니다. 따라서 객실승무원은 평소 국내에서나 해외에서 체류 중 자신의 안전을 지킬 수 있도록 많은 노력을 해야 되죠^^

해외 체류호텔 헬스클럽

객실승무원 직급

객실승무원의 직급은 항공사별로 차이가 있지만 대한항공의 경우 일반적으로 총 7단계로 구성되어 있으며 항공업무의 특징을 감안하여 각 직급의 호칭은 항공사 간 차이가 있을 수 있습니다. 각 직급 간 승진은 항공사별로 약간 차이가 있으나 주로 영어자격, 방송자격, 3년간 근무평가를 합산하여 차상위 직급으로의 승진을 결정합니다.

✈ KE^(대한항공)

직급	구분	승급기간
상무대우 수석사무장 VP	상무대우-Vice President Purser	NONE
수석사무장 CP	1급 Chief Purser	NONE
선임사무장 SP	2급 Senior Purser	4년
사무장 PS	3급 Purser	4년
부사무장 AP	4급 Assistant Purser	3년
남,여 승무원 SD/SS	5급 STWD/STWS	3년
여승무원 SS	6급 인턴 여승무원	2년

✈ OZ^(아시아나항공)

직급	구분	승급기간
캐빈 서비스 담당임원	임원	23년차 이상
수석 매니저	Chief Purser	18년차 이상
선임 매니저	Sr Purser	13~17년차
캐빈 매니저	Purser	8~12년차
부사무장	Assistant Purser	4~7년차
퍼스트 선임여승무원	Fs Sr STWS	6~7년차
비즈니스 선임여승무원	Bs Sr STWS	4~5년차
시니어 여승무원	Sr STWS	2~3년차
주니어 여승무원	Jr STWS	1년차
수습 여승무원	Intern STWS	1년

노선별 객실승무원의 직책구성

- International Flight : 객실사무장, 부사무장, 일반승무원,
  현지여승무원(Regional stws)
- Domestic Flight : 객실사무장, 일반승무원

항공/관광분야 진로, 취업 알아보기

객실승무원 근무배정(月 단위 스케줄)

매월 일정 날짜에 배포되는 다음 달 객실승무원 비행근무 스케줄이에요~∧∧

➤ 근무할당표

Sunday	Monday	Tuesday	Wendnesday	Thursday	Friday	Saturday
Apr 01 KE 0787 0758 ICN FUK 0913 KE 0788 1035 FUK ICN 1203	Apr 02 KE 0893 0852 ICN PVG 0946 KE 0894 1115 PVG ICN 1404	Apr 03 GRD 0930 GMP GMP 1830	Apr 04 PDO 0000 2359 ICN	Apr 05 KE 0893 0845 ICN PVG 0940 KE 0894 1125 PVG ICN 1420	Apr 06 KE 1105 0820 GMP PUS 0920 KE 0731 1100 PUS KIX 1220 KE 0724 1340 KIX ICN 1530	Apr 07 DO 0000 2359 ICN
Apr 08 KE 0037 1200 ICN ORD 1040 LO 1110 ORD ORD 2359	Apr 09 LO 0000 ORD ORD 2359	Apr 10 LO 0000 ORD ORD 1150 KE 0038 1300 ORD ICN 2359	Apr 11 KE 0038 0000 ORD ICN 1640	Apr 12 ATDO 0000 2359 ICN	Apr 13	Apr 14 KE 0950 1300 ICN FRA 1735 LO 1805 FRA FRA 2359
Apr 15 LO 0000 FRA FRA 2359	Apr 16 LO 0000 FRA FRA 1835 KE 0906 1945 FRA ICN 2359	Apr 17 KE 0906 0000 FRA ICN 1300	Apr 18 ATDO 0000 2359 ICN	Apr 19 ATDO 0000 2359 ICN	Apr 20 KE 0613 1535 ICN HKG 1805 KE 0614 1905 HKG ICN 2335	Apr 21 ATDO 0000 2359 ICN
Apr 22 KE 0651 1735 ICN BKK 2115 LO 2145 BKK BKK 2359	Apr 23 LO 0000 BKK BKK 2135 KE 0652 2245 BKK ICN 2359	Apr 24 KE 0652 0000 BKK ICN 0545	Apr 25 ATDO 0000 2359 ICN	Apr 26 KE 0761 1820 ICN OKJ 1950 LO 2020 OKJ OKJ 2359	Apr 27 LO 0000 OKJ OKJ 0840 KE 0762 0950 OKJ ICN 1125	Apr 28 KE 1483 0840 ICN CJU 1945 KE 1484 1030 CJU ICN 1135
Apr 29 KE 0641 1605 ICN SIN 2115 LO 2145 SIN SIN 2359	Apr 30 LO 0000 SIN SIN 2215 KE 0642 2325 SIN ICN 2359					

스케줄표 약어설명

- IICN: 한국 인천 국제공항
- FUK: 일본 후쿠오카 국제공항
- PVG: 중국 상해 국제공항
- KIX: 일본 오사카 간사이 국제공항
- PUS: 김해 국제공항
- ORD: 미국 시카고 오헤어 국제공항
- FRA: 독일 프랑크푸르트 암마인 국제공항
- HKG: 중국 홍콩 국제공항
- BKK: 태국 수안나폼 국제공항
- OKJ: 일본 오카야마 국제공항
- CJU: 한국 제주 국제공항
- SIN: 싱가폴 창이 국제공항

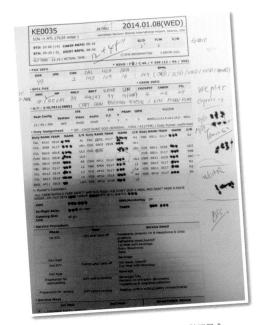

KE 항공사 A380 항공기 업무 배정표 확대모습

개인정보 위해 성명 지움을 양해바람. JR은 말레이시아 현지 승무원. F-일등석, U/C-어퍼덱 2층 비즈니스, Y-일반석, BAR-칵테일 바 담당

객실승무원은 월 1회 배포되는 다음 달 스케줄에 대해 많은 관심을 갖고 상당히 민감하지만 익일 비행하게 될 기내 업무배정 또한 많은 관심을 기울이지 않을 수 없어요~

그 이유는 비행스케줄은 급여와 직결되고 비행기에서 동일한 안전 · 서비스 업무를 하더라도 클래스별 승객 많고 적음/함께 기내업무하는 선 · 후배 간의 업무협조 방식에 따라 근무여건이 상당히 달라질 수 있으므로 개인적인 친분관계를 떠나 업무배분에 상당한 공정성이 요구되는 부분이라고 생각합니다.

따라서 회사의 승무원 스케줄 편조업무가 완료된 후 객실사무장/캐빈매니저는 이번 비행에 배정된 승무원의 근무경력, 업무 숙련도, 개인의 장단점을 고려하여 기내업무 배정을 실시하여야 하며 편중된 업무배정보다는 승무원 간의 적절한 업무순환이 이루어지도록 해야 합니다. 회사에서도 될 수 있으면 공평하게 배정될 수 있도록 많은 노력을 기울이고 있답니다^^

KE 항공사의 업무 배정표-비행근무 하루 전 객실사무장이 배정하며 현장에서는 브리핑 시트라고 해요~

항공 / 관광분야 진로, 취업 알아보기

객실승무원의 직책별 임무

객실승무원 임무는 "승객의 안전성 확보 및 쾌적성 유지이고 승객에게 최상의 서비스가 제공될 수 있도록 만전을 기해야 하며 항공기 안전운항을 위해서 운항승무원과 협조하여 비행 중의 승객안전과 비상시 비상탈출에 관여된 업무를 수행하여야 한다."라고 규정되어 있어요~

✈ 일반 승무원 직책별 업무(인턴~대리급, 현지 여승무원 포함)

일반 승무원은 국내 각 항공사 객실승무원 업무교범 및 서비스교범에 명시된 객실승무원 표준업무 사항을 수행하며, 상위클래스 및 일반석 서비스와 안전을 담당합니다. 따라서 일단 항공사 승무원으로 입사하면 일반 승무원입니다.

현지 여승무원(Regional stewardess)이란?

국가별 취항지에 거주하는 현지에서 여승무원을 채용하여 비행 전/중/후 객실에서 통역 및 기내서비스를 담당하는 객실승무원을 말하여 채용은 취항지 지점에서 면접을 통하여 채용하고 계약기간 동안 비행근무하며 채용기준은 모기지 여승무원과 동일하고 승급 역시 국내 여승무원과 특별한 차이는 두지 않고 있어요~

급여는 현지물가를 기준으로 하여 제공하며 서울이나 해외에 체류 시 출장비(Perdium) 역시 모기지 여승무원과 동일하고요~ 대표적인 현지 여승무원 채

저자 비행근무 시 중국 북경
출신 승무원과 함께 …

용국가는 중국/일본/태국/인도네시아/싱가포르/러시아에서 채용하여 비행근무하게 하며 항공사별 전담 그룹을 만들어 근무평가 및 승급을 관리하고 있습니다.

줄임말로 R/S(Regional stewardess)라고 부르기도 합니다.

중국 현지 여승무원 모습

✈ 객실부사무장 직책별 업무(대리~과장급)

일반 승무원과 거의 비슷한 업무를 수행하나 비행 전 · 중 · 후 객실사무장/캐빈매니저를 보좌하고 비행 중 객실사무장/캐빈매니저의 임무 수행이 불가능한 경우에는 업무를 대신할 수 있는 승무원을 객실 부사무장이라고 해요~

비행기 내에서는 상위클래스 및 일반석 서비스 업무를 관장하고 아래의 업무를 수행합니다.

- 객실사무장의 업무를 보좌
- 객실사무장이 업무 수행이 불가능할 경우 업무를 대행
- 객실 브리핑을 준비하고 입 · 출항 절차를 점검
- 객실승무원의 비행 준비 상태를 확인
- Y/C 서비스를 총괄
- 서비스용품의 탑재 확인 및 보고, 입국 서류 배포 및 작성 지원을 확인
- 도착 전 면세품, 보세품 보관 및 봉인(sealing) 상태 확인 및 보고
- 비행 종료 후 기내 유실물, 분실물의 확인 및 보고

(인용출처 : ncs 항공객실서비스-학습모듈 "승객 하기 후 관리")

✈ 객실사무장/캐빈매니저 직책별 업무(차장~상무급)

　객실사무장/캐빈 매니저란? 각 항공사별로 객실승무원의 근무연한과 사무장/캐빈매니저의 훈련을 통해 지정된 인원으로 함께 비행하는 승무원의 업무를 공평하게 배정하고 매 비행 시 객실 브리핑을 주관하며 객실 서비스와 안전을 총괄하는 일정 직급 이상의 객실승무원을 지칭합니다.

　비행 전·중·후 항공기 내 기내서비스와 안전을 지휘하고 훈련 및 평가하는 업무를 관장하며 아래의 역할을 수행하는 아주 중요한 역할을 하는 고참 승무원입니다 ^**^

- 객실사무장/캐빈매니저는 객실 브리핑을 주관
- 해당 편 서비스의 방향 제시 및 필요한 정보를 전달
- 해당 편 객실승무원의 업무(duty)를 배정
- 업무는 객실승무원의 직책, 경력, 자격 등을 고려하여 배정
- 비행의 전반적인 객실 서비스의 진행 및 관리 감독
- 소속 일반 승무원에 대한 근무평가를 실시

29

(캐빈매니저)

사진으로 이해하는 객실 남사무장 업무절차에요~

아래의 사진 외 많은 절차가 있는데 주요한 업무만 사진에 담아보았어요~

꾸~욱 한번 훑어 보시면 이해가 가실 겁니다^^

비행 전 출근

객실 브리핑 준비

브리핑 전 구내식당 식사

객실 브리핑

기내설비 점검

기내안전 점검

브리핑 후 회사 출발

기내보안 점검

기내서류 점검

기내탑재 완료서명

기내설비완료 서명

기장보고

이륙 전 점검

이륙 후 점검

서비스 수행

기내식사

서비스 후 휴식

항공기 도착 후 점검

수하물 수취

해외 호텔로 감

사진으로 이해하는
객실 일반 남 · 여승무원의
비행업무에요~

항공사 입사 후 모든 일반 객실승무원은 비행 전/중/후 아래와 같은 비행에 관련된 업무를 수행해요~

쭈~욱 한번 훑어 보시면 일반 승무원의 업무절차에 대해 알 수 있어요 ^^

아래의 사진은 비행업무를 하기 위해 한국 내 집이나 해외 체류를 마치고 호텔에서 출발하여 비행을 마칠 때까지의 업무이며 통상적으로 수행하는 모든 일반적인 기내업무를 총망라하였으니 일반 승무원 업무를 이해하시는 데 많은 도움이 되실 겁니다.

회사출근길

회사출근

운항 브리핑

객실 브리핑

비행준비

객실 브리핑 준비

항공/관광분야 진로, 직업 알아보기

청사 도착

보안검색

게이트로 이동

항공기 탑승

게이트 도착

객실승무원 비행준비

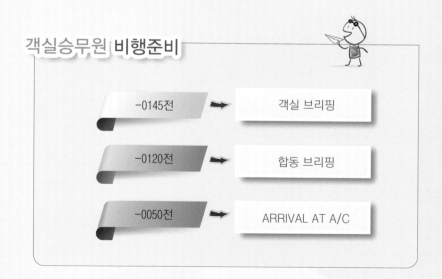

-0145전	→	객실 브리핑
-0120전	→	합동 브리핑
-0050전	→	ARRIVAL AT A/C

CREW 백 보관   비상 보안장비 점검   기타 장비시스템 점검   회사출근길

Catering Item 점검

지상서비스 준비/ 스페셜밀   신문세팅   서비스아이템 배분   Report to Purser and Captain

객실승무원 지상업무

1 Crew Baggage 보관

4 Catering Items 점검

2 비상보안장비 점검

5 Report to Purser/Cockpit

3 기타 장비시스템 점검

6 지상서비스 준비

항공/관광서비스 진로 직업 읽어보기

승객탑승

지상 서비스

Door Close

Safety check:정상-팽창

Welcome 방송

Safety Demo

이륙 전 안전업무 수행

객실승무원 지상업무

1 승객 탑승

'객실준비완료' 통보

2 지상 서비스

3 Door Close

'PUSHBACK 준비완료'통보

4 Safety Check

5 Welcome 방송

6 SAFETY DEMO

7 이륙 전 안전 업무

'이륙준비완료' 통보

Refreshing Towel SVC

Amenity kit.헤드폰 서비스

Beverage SVC

Meal dinner with wine SVC

입국서류 배포 SVC

기내판매 SVC

Meal Tray Collection

객실승무원 비행 중 업무

Amenity Kit, Headphone, 신문, Giveaway

Refreshment Towel

Beverage

meal(DNR) with Wine & Bev.

Meal Tray Collection

기내판매 / 입국서류 배포 및 작성 협조

Safety Check:팽창-정상

하기인사

유실물 Check

기내판매 인계

Debriefing

승무원 하기

기물 등 인계

객실승무원 착륙 후 업무

Safety Check
하기인사
유실물 Check
기내판매 인계
기물 등 인계
승무원 하기
De-Briefing

고등학교 재학생이 해당 학교(4년제, 2년제) 입시에 준비해야 될 항목은 대부분의 객실승무원/관광인 양성학교가 면접, 내신을 위주로 선발하기 때문에 고교 내신등급은 가능한 한 높은 등급을 유지해야 하는 것이 바람직하고 고등학교 재학 중 할 수 있다면 영어토익 자격시험을 한 번씩 보고 비록 낮은 점수이지만 토익점수가 있다면 대학 입학전형 시 타 지원자에 비해 매우 유리해요~ ^^

Chapter 02

남 · 여 고등학생이
항공/관광관련 학과에
진학하려면~?

02
Chapter
남 · 여 고등학생이 항공/관광관련 학과에 진학하려면~?

tip
면접은 설레이면 붙고, 두려워하면 실패한다.

AIR SEOUL

uSKY AIR　　EASTAR JET

ASIANA AIRLINES

　JINAIR

JEJUair

AIR BUSAN

t'way

FlyYangYang

항공사 객실승무원/관광인재를 양성하는 곳은 4년제 대학, 2년제 전문대학, 전문학교로 구분되어 있고 국내에는 약 76곳의 대학, 전문대학, 전문학교에서 예비항공인/예비관광인을 양성하고 있어요~

현재 고등학교에 2학년, 3학년 재학생은 이러한 학교에 입학하게 되어 학습을 통해 객실승무원/항공사일반직/항공지상직/항공사조업직/공항보안검색요원/호텔리어/여행사직원으로 꿈을 키우며 졸업 전 · 후 항공사 객실승무원 및 상기 직종에 응시하게 됩니다.

현재 고등학교 재학생이 해당 학교 입시에 준비해야 될 항목은 대부분의 객실승무원 /관광인 양성학교가 면접, 내신을 위주로 선발하기 때문에 고교내신등급은 가능한 한 높은 등급을 유지해야 하는 것이 바람직하고 고등학교 재학 중 할 수 있다면 영어토익 자격시험을 한 번씩 보고 비록 낮은 점수이지만 토익점수가 있다면 대학 입학

항공/관광분야 진로, 직업 알아보기

전형 시 타 지원자에 비해 매우 유리해요~

4년제, 2년제 전문대학, 전문학교의 학교별 학생모집은 주로 수시1, 2차, 정시1차를 공고하여 학생모집을 하게 되고 전문학교는 서울 호서 전문학교 항공서비스, 항공경영과와 같이 수시모집하는 곳과 정시모집하는 곳이 따로 있으니 미리 알아 보는게 좋을 듯 합니다^^

따라서 고등학교 2학년생인 경우 미리 학교를 정했다면 수시로 해당 학교 홈페이지에 들어가서 지원상황을 점검하고 준비해야 하며 고등학교 3학년 졸업반인 학생은 수시를 응시할 학교를 적어도 6월까지 지정한 학교의 전형방법을 선택하여 만반의 준비를 해야 해요~

고등학교 3학년의 경우 응시할 학교를 선택했다면 지원자는 면접대비 평소 희망했던 학교의 사이트에 자주 들어가 학과의 운영과 시스템을 한 번씩 공부하고 면접대비 한국어, 영어 질문을 준비해야 합니다.(모든 학교는 면접전형 전 홈페이지에 면접질문에 대해 공지합니다)

항공관련 대학면접은 4년제, 2년제 전문대학, 전문학교 간 차이는 있지만 보통 지원자 8명이 1개 조가 되어 들어가고 해당 학과 교수로 구성된 3명의 면접관 교수님께서 지원자를 평가합니다.

보통 한국어는 공통질문 1개, 개별질문 1개를 물어보고 영어는 기내방송문을 주로 읽어보게 하며 영어읽기는 고교생이 많이 학습을 하지 않은 관계로 각 학교별 홈페이지에 사전 고지하니 면접 가기 전 해당

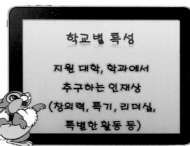

학교별 특성

지원 대학, 학과에서 추구하는 인재상 (창의력, 특기, 리더십, 특별한 활동 등)

학교 홈페이지에서 영어질문을 몇 번씩 읽어보고 가는 것이 상당히 큰 도움이 됩니다. 학교별 면접시간은 평균 약 15분 정도 소요되요~

면접복장은 고등학교 교복 또는 깨끗한 정장, 면접복을 주로 착용하며 너무 진한 화장, 무늬가 있는 스타킹, 다림질 안한 셔츠, 오염이 많이 된 운동화는 감점 요인이 되니 사전에 미리 준비하세요^^

면접내용은 주로 항공사에서 많이 기출 되었던것도 있고 비교적 고등학생 입장에서 어렵지 않은 문제를 중점으로 물어보게 됩니다.

면접이 끝나면 면접 결과 점수와 내신등급을 합산하여 합격 여부를 결정하는데 모든 학교가 컴퓨터 시스템이 잘 갖추어져 있어서 공정하게 심사하고 있습니다.

합격자 발표를 보고 합격한 사람은 등록금을 기한 내 납입해야 하며 합격하지 못한 학생은 다른 학교 수시2차, 정시를 보게 되겠죠?

요즘은 학교별 특히 항공서비스과는 예비번호 합격자(예비번호-합격은 못했지만 아까운 점수로 탈락했을 경우 합격한 학생 중 미등록자가 발생하면 순서대로 합격통보를 하는 번호에요~)가 많은 대학은 200번까지 부여하고 있습니다. 만일 추가 합격소식을 받으면 1일 내로 등록을 해야 하니 적절한 등록금을 미리 확보하고 있어야겠죠?

고등학교 학생이 국내 승무원학과에 합격하기 위한 Tip을 요약하면
아래와 같아요 ^^

✈ 내신성적이 좋으면 무조건 유리할까요?

각 대학교, 전문대학, 전문학교 면접관이 여러분을 평가할 때 4/2
년 동안 열심히 가르쳐서 승무원으로 만들 수 있는 인재상에 부합
되면 지원자를 합격시키는데 면접과 내신점수를 합계로 합격/불합
격을 결정하므로 내신성적이 좋은 경우 그렇지 않은 경우보다 일반
적으로 유리 하다고 봅니다. 하지만 해당 대학에서 면접 시 지원자
의 외국어실력, 이미지, 태도 등을 종합평가하여 항공/관광분야의
재목으로 키울 인재가 있다면 내신성적 관계없이 면접점수를 고점
수로 부여하여 합격시킬 수도 있다고 생각합니다.

따라서 동일점수일 경우 내신성적 우수자가 유리하지만 면접점
수가 당락을 좌우한다고 보면 틀림없어요^***^(항공/관광학과에서 일반적으로
면접 60%, 내신 40%로 반영하는 추세이고 전문학교는 면접 100%를 반영합니다.)

✒ 내신성적 반영 기준과 시기

반영기준	적용대상	반영시기
봉사활동	공통	3학년 10월 말까지
학교활동 (수상실적 및 자치외임원활동)	공통	3학년 10월 말까지 (단, 교과성적 관련 수상은 3학년 2학기 1차 지필평가까지 적용)
출결상황	공통	3학년 10월 말까지
교과활동상황	특성화고	3학년 2학기 1차 지필평가까지 (단, 3학년 2학기 1차 지필평가에 수행평가 결과 반영 여부는 중학교 자율 결정하되, 3학년 2학기에 수행평가만 실시하는 교과의 경우 수행평가 결과만을 반영할 수 있음)
	일반고	3학년 2학기 학기말 성적까지

▽ 중학교 학교생활기록부 예시안

현 행				개선안			
과목	단위수	성취도	석차/재적수	과목	단위수	성취도	석차/재적수
영어	4	수	30/286	영어	4	A	30/286

▽ 고등학교 학교생활기록부 예시안

현 행				개선안			
과목	단위수	원점수/과목평균(표준편차)	석차/(이수자수)	과목	단위수	원점수/과목평균(표준편차)	석차/(이수자수)
수학	3	95/70(10)	1/(532)	수학	3	95/70(10)	A/(532)

정답은 ~~
OH~NO, NO^^

✈ 외모가 이쁘면 유리하지만 과연 그럴까요~???

물론 외모에 따라 합격/불합격이 작용되기도 하지만 일부분에 국한된다고 생각되고 예쁜 얼굴에 나타나 있는 인성이 학교/학과가 원하는 인재상에 부합되지 못하면 면접 시 탈락할 경우가 많아요~

따라서 인성도 합격/불합격에 많은 부분 작용을 하곤 합니다^^

승무원학과 지원학생은 이 책을 읽는 순간부터 편안한 인상과 마음을 가지려고 노력해야 해요. 다시 한 번 말하지만 국가정책도 그렇고 외모와 신장을 최우선으로 평가하는 시절은 이제 지나갔다고 보시면 됩니다.

인상좋다, 괜찮다 = 못생김
ㅍㅎㅌㅊ~ㅎㅌㅊ

✈ 고등학교 시절 토익/일본어/중국어 점수를
획득하면 좋을까요?

현재까지의 통계로 보면 국내 항공서비스학과/관광학과를 졸업
후 승무원/관광인으로 채용되지 못하는 학생의 대부분은 영어점수
를 획득하지 못한 경우가 많은 부분을 차지합니다. 국내대학 항공
서비스과 지원 시 많은 지원자가 토익점수가 없는데 만일 어떤 지
원자가 550점이 아니라도 200~300대
점수만 가지고 있다고 치면 면접교
수님들의 상당한 주목을 받게 되죠.
즉, 외국어에 대한 열정을 높이 사시
는 겁니다. 그리고 군이 토익이 아니
더라도 일본어, 중국어, 스페인어 등
어떤 어학 자격증이 있으면 교수님 측
에서 생각하면 조금만 노력을 하면 될
수 있으니까 어학의 부담을 덜어주고
승무원이 될 가능성 있는 인재라 생각
되는 거에요~

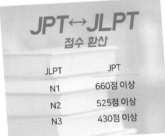

만일 항공지상직에 대해 관심이 많다
면 지상직에서는 토익점수가 600점이
넘는 지원자에 한해 월 5만원씩 수당을
꼬박꼬박 지급합니다. 같은 일을 하면서

세금공제 없이 월 5만원씩 더 수령하는게 평생 쌓이면 엄청 큰 혜
택인 것 아시죠?

항공/관광분야 희망하는 지원자는 고교시절 토익시험 등 외국어
자격시험 한 번씩 꼬~옥 보시길 "강추" 합니다!!

✈ 고교시절 동아리를 적극 활용하면 좋을까요?

요즘 국내 항공사에서는 적절한 재능을 가지고 있는 지원자를 많이 선발하는 추세입니다. 특히 대한항공은 무술유단자, 저가항공사는 악기를 다룰 줄 아는 지원자, 성악, 마술을 할 수 있는 지원자를 선호하며 고교시절 동아리도 이러한 패턴에 맞추어 가입하여 조금이라도 도움이 될 수 있게 하는게 매우 유리해요~

요즘 대부분의 고교학생들이 가입하는 동아리가 봉사부문에 집중되어 있죠?

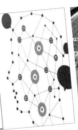
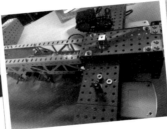

봉사도 적지 않이 중요하지만 너무 많아서 이제는 학교 입장/항공사 입장에서 보면 정량평가할 수 있는 재료가 부족하다고 합니다.

따라서 고교재학 중 혹시 동아리에 가입할 경우가 있으면 이왕이면 어학 동아리와 무술유단자가 되기 위한 동아리, 악기, 마술을 다루는 동아리, 관광유관분야 동아리 등 항공/관광분야 채용을 위한 기술을 습득할 수 있는 동아리를 선택하는 것이 아주 좋을 듯합니다.

쌤이 강력 추천하는 동아리는 다음과 같아요~^^

- 토익, HSK, JLPT 등 언어를 학습할 수 있는 동아리
- 영어회화 동아리
- 일본어/중국어 학습동아리
- 청각/시각장애인을 위한 수화/점자동아리
- 성악동아리
- 기악/금관악기 동아리
- 태권도, 합기도를 배울 수 있는 동아리
- 마술 동아리
- 방송 동아리
- 간호 동아리

✈ 항공서비스과는 남학생이 불리한가요?

정답은 ~~
OH~NO, NO^^

작년에도 매스컴에서 많이 나왔듯이 요즘 기내에서 여러 가지 진상/난동승객이 발생하곤 합니다. 국내 항공사들이 초기에는 예쁘고 키 큰 여학생만을 선발했었지만 지금은 오히려 심성이 착하고 고객에게 친근하게 서비스할 수 있는 여성 지원자 그리고 승객을 컨트롤할 수 있는 남자 지원자를 원하는 추세입니다.

특히 남자인 경우 항공안전과 보안 측면에서 군대를 다녀온 지원자, 무술유단자, 어학우수자를 선호합니다. 남승무원(스튜어드)은 항공사에서 이제 필수요건이며 비행근무뿐만 아니라 여러 가지 행정적인 업무도 할 수 있는 기회가 많습니다.

다들 아시겠지만요......

이제는 바야흐로 남 · 여 구분이 없는 시대 아닌가요^^

✈ 국내항공사에서 항공서비스과/항공운항/
항공경영학과/항공관광과가 아닌
비전공자도 많이 채용한다?
하지만 항공/관광전공 하세요!

정답은 ~~
OH~YES, YES
^^

물론 항공사에서 항공관련 학과가 아닌
어학계열, 경상계열, 항공 비전공계열 지원
자도 많이 채용하는 것은 사실이나 하지만
항공/관광관련 학과를 졸업하면 승무원뿐만 아
니라 항공지상직 (예약, 발권, 보안검색 등), 호텔, 여행사에 갈 수
있는 기회가 상당히 많습니다.
따라서 항공/관광분야로 진로를 결정한 학생은 가급적이면 항
공/관광관련 학과를 선
택하는걸 추천합니다.

✈ 대학별 승무원 배출하는 학과는 왜 이리 명칭이 복잡하죠?

쫌 ... 복잡합니다... ㅎㅎ
왜냐하면 학과의 명칭은 학교 자율에 맞추기 때문이에요~
그러나 자세히 들여다보면 간단히 구분됩니다.
"항공서비스/항공운항/항공관광 학과 – 승무원을 우선 목표"
"항공경영 – 항공사 지상직이 우선 목표" 입니다.
물론 항공서비스, 항공운항, 항공관광과에서도 상당수 학생들이
지상직을 지원하고 또한 항공경영과에서도 승무원을 교차 지원합
니다.

항공/관광분야 진로, 취업 알아보기

따라서 항공서비스, 운항, 관광, 경영이 붙은 학과는 모두 항공승무직과 항공지상직 등 항공분야취업을 우선 목표로 하는 곳이니 자신이 제일 잘 할 수 있는 적성분야를 미리 알아보시고 지원하시면 돼요^^

✈ 항공서비스/항공운항/항공경영 학과에서 무엇을 배우나요?

4년제 대학, 2년제 전문대학, 2년제 전문학교 모두 이미지메이킹, 토익, 기초일어, 중국어, 기내식음료관리, 객실업무론, 항공객실구조 및 비행안전, 기내서비스 매너, 기내방송, 항공마케팅, 항공사면접실습, 예약발권, 컴퓨터자격증 취득 등 항공사 승무원 및 지상직 업무 선행학습에 주안점을 두고 있어요~

따라서 항공에 관한 학과를 선택하시면 항공사 지원 시 면접질문 및 입사 후 교육에 항공분야가 아닌 다른 전공을 한 학생보다 대단히 유리하답니다^^

✈ 4년제 대학교가 2년제 전문대, 전문학교 보다 더 유리한가요?

정답은 ~~
OH~글쎄요~
^^

꼭 그렇지는 않습니다. 일반 기업인 경우 보통 4년제 대학 졸업자를 선호하지만 항공사 승무원/관광인 경우 2년제 전문대학, 전문학교도 상당한 비율로 채용합니다. 올해부터 대한항공에서는 4년제 대학을 졸업하더라도 일단 입사하면 2년제 전문대학 처우로 채용합니다. 4년제, 2년제 중 어느 학교가 더 유리한지는 불분명하고 단지 소유하고 있는 개인역량의 차이라고 할 수 있습니다. 4년제 대학, 2년제 전문대, 전문학교의 차이는 2년, 4년 기간에 따른 차이와 졸업 후 받게 되는 학위가 전문학사인지 학사인지 차이에 있습니다.

즉, 해당학과 졸업 후 ……

4년제는 학사학위 졸업장

2년제(전문학교포함)는 전문학사학위 졸업장을 받게 되며 항공사 승무원은 전문학사 이상이면 누구나 차별 없이 지원할 수 있어요~

 쌤~

대학교, 전문대학, 전문학교 승무원 학과 면접절차를 자세히 설명해 주세요~

위에서 물어보신 항공관련 학과의 면접은 아래와 같이 진행됩니다^^

 학교, 학과별 충원인원을 미리 확정해요~

학생수가 많은 경우를 제외하고는 대학, 전문대학, 전문학교에서 일반적으로 한 학과는 40~80명 정도로 이루어져 있어 해당 인원을 선발하기 위한 지침을 사전에 대학본부와 학과가 사전조율합니다. 각 대학에서는 뽑을 수 있는 인원이 제한되어 있어서 마음대로 늘이거나 줄이지 못한답니다. 항공서비스과 정원을 늘리면 그만큼 다른 과에서 적게 뽑아야 하니까요^^ ㅋㅋ

 사전 조율 후 수시1차, 2차, 정시에 선발할 인원을 확정해요~

일반적으로 수시1차에서 제일 많이 뽑고, 2차에서 중간 정도, 정시에서 소수의 인원을 선발해요~

따라서 항공학과에 지원할 경우에는 가급적 수시1차에서 합/불 결판을 내는 것이 제일 유리합니다. 국내 모든 대학의 전형이 일반적으로 수시1차 ➡ 수시2차 ➡ 정시로 진행되며, 오른쪽으로 갈수록 힘들어지는 것이죠.

요즘은 학생들이 수시1차에 1개 학교만 지원하는 지원자는 많지 않아요. 현재 대학, 전문대학, 전문학교를 살펴보면 같은 날 수시전형을 하는 경우가 많습니다. 그래서 합격의 확률을 높이기 위해 당일 부모님의 자동차를 이용하여 3~5곳 대학에 면접을 보러 다니는 지원자가 대부분이죠?

따라서 요즘은 면접 당일 지각이 적지 않은 편입니다.

여러 학교를 면접 보더라도 이동경로 등 사전 준비를 철저히 하여 면접시간에 지각하는 경우가 없도록 해야 해요^^

3 학교에서는 수시1차 · 2차, 정시 날짜를 확정한 후 대학 홈페이지에 공고해요~

수시 · 정시전형에 있어서 지원하려는 학교의 홈페이지 확인하는 것은 매우 중요해요~

지원학교의 모든 정보는 인터넷 지식인이 아니라 홈페이지에 전부 공시되어 있으니 꼭 대학 홈페이지를 확인해 주시고 면접날짜 및 일정에 관해 미리 알고 싶다면 각 대학의 입학관리처 또는 입학관리부에 전화로 문의하는 것도 좋은 방법입니다.

문의하시면 아마도 불평 없이 자세히 가르쳐 줄 겁니다.

대학 입장에서 보면 많은 지원자가 지원하게 되면 나쁠 것 전혀 없거든요^^

각 항공학과에서 선발지침을 만들고 면접질문, 영어질문을 학과 교수님들이 제작해요~

한국어 질문은 고교생활, 지원동기, 입학 후 포부에 대해 주로 묻고 영어질문은 기내방송문 중 선택하여 무작위로 읽어보게 합니다.

면접질문 샘플은 부록에 첨부되어 있으니 참고하시기 바랍니다.

모든 4년제, 2년제 전문학교 및 대학이 거의 비슷한 질문을 사용하고 있다고 보시면 틀리지 않을 겁니다^^

5

면접 전날 항공학과는 면접실, 면접관, 면접 후 안내 등에 관한 사항을 확정해요~

면접실은 일반적으로 모든 대학에서 평소 강의실로 사용하던 장소를 의자를 치운 후 면접실로 사용하고 면접관은 학과 교수님 또는 타과 교수님을 임명하며 면접생의 안내는 재학생 학생회에서 맡는 경우가 많습니다. 삼권분립이 잘 되어 있죠?

6

면접 당일 모든 준비를 마친 후 면접생이 도착하면 조를 만들어 조별로 재학생들이 면접실로 안내해요~

학교별로 약간의 차이는 있지만 면접대기실에서 인사연습 및 약간의 예절에 대해 재학생 선배들이 안내해 주는 경우가 많아요~

이때 면접복(상의-하얀색 블라우스, 하의-검정스커트, 구두-검정색)을 입는 경우가 많습니다. 잘 다림질한 사복, 교복도 무난하나 면접복은 향후 항공사 응시를 대비해 한 벌 정도 준비해 놓으면 편리합니다. 면접 당일 부모님 차량을 이용하여 도착하는 학생도 많습니다. 보통 당일 3~4 군데 학교를 면접보기 때문에 기동성이 있으면 매우 편리하겠죠?

그런데 교수님이 세심히 관찰해보니 학교 면접 오면서 부모님과 의견충돌이 많은 것 같아요~ 면접 보기 전 부모님과 절대 의견충돌하지 마시고 편안한 마음으로 오셔야 합니다.

편안한 마음으로 와도 잘볼까 말까 한데 승용차에 다투고 내리시면 매우 힘들겠죠?

운동화를 신는 학생은 깨끗하게 세탁해서 신고, 구두를 신는 학생은 전날 저녁 집에서 광택이 날 수 있도록 깨끗이 닦아 보는 것도 아주 좋은 방법이에요~

7 일반적으로 면접생 한 조는 항공사 면접 시와 마찬가지로 8명으로 구성되며 면접관이 호출하면 차례로 들어가 바닥에 붙여진 위치에 정렬해야 해요~

이때 입장과 동시에 면접관 교수님들께서 면접학생들의 걷는 모습을 면접관이 유심히 관찰하는 시간이 되고 제일 먼저 입장하는 학생을 따라서 면접실에 들어가시면 됩니다. 상체를 펴고 다리를 구부리지 않는 상태에서 미소를 지으며 자신 있게 워~킹, 워~킹!!

요즘 치아교정기를 사용하는 학생들이 많습니다.

치아교정기는 항공사 승무원이나 관광인을 지원하는 학과학생들도 많이 사용하고 있습니다. 면접의 당락에 영향을 미치지 않으니 걱정하실 필요 없습니다^**^

제자리에 정렬 후(발바닥 모양이 표시되 있어요) 제일 왼쪽 또는 면접관이
지정한 학생이 차렷, 인사를 시작으로 면접이 시작돼요~

면접관 교수님들은 면접학생들의 신상이 적힌 컴퓨터 화면 또는
종이에 면접학생들의 점수를 기록합니다. 예전에는 종이로 많이 기
록했는데 요즘은 컴퓨터를 사용하여 점수를 입력시키고 합산하는
대학이 많아지고 있습니다.

그리고 면접관님들의 자판 두드리는 소리와 점수를 체크하는 노
트북 음향에 너무 민감하게 반응하지 마세요.

지원자 여러분에게 좋은 평판을 써 주시는 것이라 생각하면 마
음이 편해져요....^^

면접질문은 어렵지 않아요~

인터넷에 많이 나와 있듯이 개인신상, 학교생활, 지원동기, 입학
후 포부 등에 관해 질문하며 입실한 전체 면접학생을 비교해 볼 수
있는 공통질문 1개 정도를 질문합니다.

영어 읽기에 대해서는 위에서 설명했죠?

영어 읽기는 또박또박 자신 있게 읽으시면 돼요.

일전에 교수님이 면접 보실 때 튀고 싶은 남학생이 해병대 군가
를 부른 적이 있답니다.

이러한 돌출행동은 전혀 도움이 안 되니 삼가시기 바랍니다.

참고로 군가 부른 남학생은 입시에 실패했어요~ㅋ

10

면접이 끝나면 역시 차렷, 인사를 하고 들어온 역순으로 면접장을 나가야 해요~

이때 면접을 잘못 보았다고 실망하거나 고개를 떨구어서 실망하며 나가는 행위는 금물입니다. 왜냐하면 마지막 나가는 순간까지 면접관 교수님이 주시하고 있거든요...^^

면접실에서 퇴장하실 때도 역시 입장과 마찬가지로 미소를 지으며 허리를 펴고 자신 있게 퇴장하시는 모습을 강하게 권장해요~^^

11

면접 후 면접점수와 내신점수를 합하여 엑셀을 사용하여 통계를 실시하고 위에서부터 80명,100명 등의 합격자를 산출하여 발표해요~

이때 근소한 차이로 합격하지 못한 학생을 위해 예비번호를 부여합니다. 예비번호를 받았다고 실망하지 마시고 합격할 수 있다는 신념으로 기다리고 계시면 돼요~

예비번호는 적으면 20명, 많으면 300번까지 학교재량으로 부여할 수 있습니다.

12

예비번호가 앞 번호일수록 추가합격할 가능성이 매우 많아요~

앞에서도 언급했지만 한 학생이 평균 3~5군데, 많으면 10군데 이상도 면접을 보기 때문에 합격을 하더라도 등록하지 않는 학생이 발생하곤 합니다.

따라서 10번 이내로 예비번호를 받으면 추가 합격될 확률이 많다는 겁니다.

하지만 그 외 번호를 받게 되더라도 실망하시지 말고 수시2차/정시를 계속 두드려 보실거죠?

13 합격자 발표는 일반적으로 면접 후 한 달~한 달 반 정도에 전부 발표해요~

합격한 학생은 등록금 날짜에 맞추어 등록을 하시면 되고 예비번호를 받아 추가합격한 학생에게는 등록금 납부할 날짜를 1일만 부여합니다.

따라서 등록일까지 시간이 없으므로 예비번호를 부여받으신 지원자는 추가합격 대비해서 부모님과 상의 후 등록금을 미리 준비해 놓는 것이 갑작스레 당황하지 않고 좋을 듯해요^^

14 합격한 학생은 2월 중 학과 유니폼 치수를 재야 하기 때문에 입학식 전 학교에서 날짜를 지정하여 학과 유니폼 치수를 재라고 연락이 와요~

거의 대부분의 국내항공/관광관련 학과에서 학과 유니폼을 착용합니다.

때문에 모두 다 사이즈를 재는 fitting을 해야 하기 때문에 입학식 전 사전 소집해서 신체 사이즈를 측정합니다. 학과에서는 측정 당일 학생들에게 학과 공지사항을 알려주는 기회로 사용하고 있어요~

유니폼 비용은 등록금에 포함되어 있지 않습니다.

학교마다 약간씩 차이가 있겠지만 약 30만원 전후로 보시면 정확하고 측정 당일 학교에 가서 다른 친구들도 함께 보고 앞으로 학업에 대해 가늠할 수 있어요~

적지 않은 합격자 학생들이 미리 단체카톡(단톡)을 원하는 경우가 많은데 학교에서는 미리 단톡을 만들어 활동하는 것을 별로 권장하지 않습니다.

입학하시면 학과 공지사항 전달 관계로 하기 싫어도 하게 되실 겁니다^^

15 입학식을 필두로 본격적인 항공사 승무원, 지상직이 되기 위한 학교생활이 시작돼요~

이제까지 달려온 여러분 정말 "Good job" 잘하셨어요 ~~ 핵!! 축하해요^^

16 학교생활은 이렇게 진행돼요~

1 입학식이 끝나고 본격 수업이 시작되면 교재 및 학업에 필요한 사항, 개인적으로 준비해야 될 사항을 학과에서 알려줍니다. 강의교재는 강의시간에 교수님이 말씀하시거나 또는 홈페이지에서 강의안을 살펴 개인이 구입하여야 하고, 전문학교인 경우 일반적으로 학교에서 일괄 구입하기도 합니다. 물론 학생들이 교재비는 지불해야 합니다.

2 항공학과 유니폼은 매일 입는 것이 아니라 학과에서 요일별로 지정하여 착용하게 하는 경우가 많아요~

일반적으로 학생들은 유니폼 입는 것을 처음에는 좋아하지만 나중에는 힘들어 하는 것 같습니다. 유니폼을 입게 하는 이유는 항공사 승무직은 물론 지상직/관광인 모든 근무자가 지정된 항공사/여행사/호텔 유니폼을 착용하게 되므로 학교에서 먼저 적응시켜 항공/관광업무를 원활하게 하려는 목적입니다.

3 승무원 학과는 선후배 간 상하 군기는 점차 사라지고 있다고 생각해요~

하지만 이러한 전통 때문에 신입생들이 힘들어 하는 경우가 많이 발생하고 있고 많은 대학에서 이러한 군기를 없애기 위해 노력하고 있는 중에 있어 조만간 근절되리라 생각합니다.

물론 항공기 탑승근무를 하거나 지상직/관광인 근무를 하시더라도 선후배 사이에 위계질서가 존재하는 것은 사실이나 일부 학교처럼 그렇게 후배들을 못살게 구는 경우는 거의 없습니다. 회사이기 때문이죠.

아주 예전에 일부 학교에서 이러한 비행기 내 규율현장의 모습을 그대로 따라 해서 군기를 잡았지만 요즘은 비행기 내도 거의 없어졌고 군인들도 그렇게 하지 않습니다. 인권에 관한 문제도 발생할 수 있으니 선배는 후배를 사랑하고 후배는 선배를 존경하는 분위기에서 면학에 열심히 정진하는 것이 옳은 것 같습니다.

이제부터 항공과 군기는 황사와 함께 저 멀리 날려 보내고 서로 사랑하는 분위기로 바꿉시다~~ 찬성합니다^^

4 수업기간 중 점심식사는 학교 구내식당에서 학식을 이용하여 해결하고 일부 학교에서는 점심시간을 확보해 주고 강의실에서 음식을 배달시켜 먹도록 하는 학교도 있어요~

학교 구내식당을 이용할 경우 학식 점심비용은 약 3,500원 내
외 이고 주로 신입생이 많이 이용하고 전문대 2학년의 경우 고
참⑦이라 그런지 학교 밖에 위치한 식당을 이용하는 경우가 많
습니다. 물론 식사는 맛있게 하셔야 하지만 미래의 회사면접을
위해 적절한 다이어트 잊지 마시기 바랍니다^^

5 학기 중 중간고사, 학기말고사를 마치면 방학으로 들어가게 됩
니다. 하지만 전문대의 경우 2학년은 방학기간 중 현장실습을
나가게 되는데 요즘 항공사에서 현장실습 기회를 얻기가 쉽지
않아 대부분 호텔, 리조트를 이용하여 한 달 동안 현장실습을
하게 돼요~
현장실습 장소는 학과에서 지정해 주며 현장실습 학점은 한달
간 직장에서 실습을 이수하면 약간의 장학금, 임금과 함께 4학
점을 인정받게 됩니다.

6 방학 후 가을 학기가 개학하면 겨울방학까지 다시 수업이 시작
되고 역시 중간고사, 학기말고사를 거쳐 2학기를 마치게 되죠~
학점을 잘 받는것도 무척이나 중요합니다.

물론 시험을 잘보는 것도 중요하지만 담당 교수님과의 인간관계도 무시할 수 없습니다. 자주 찾아가셔서 사제지간의 좋은 관계를 맺어놓는 것을 강추드립니다. 이러한 논리는 고등학교에서도 적용됩니다. 담임쌤과의 좋은 관계…… 아주! 아주! 핵 강추입니다. 선물을 드리라는 것이 아니라 자주 찾아가셔서 필요한 것 도와드리고 적극적으로 담임쌤을 도와드릴 수 있는 방법을 연구해 보세요^^ 분명 있습니다요~

인간관계 좋은 학생은 우물에 가서도 콜라를 마실 수 있는 것 다 아시죠?

7 전문대, 전문학교의 경우 여름방학을 마치고 2학기 수강신청과 등록을 하게 되면(남학생은 군필자) 졸업예정자가 됩니다. 이때부터 여러분이 그토록 갈망하던 항공사/항공사지상직/관광인 채용공고 및 응시를 할 수 있게 됩니다.

사실 4년제와 달리 2년은 무척 짧은 시간이라 생각돼요~

시간을 잘 활용하셔서 좋은 대학생활을 하시기 바라며 아래의 항공사별 채용공고를 보시면 알겠지만 항공사 승무원 및 지상직/관광인의 경우 이론시험은 거의 없고 100% 면접으로 선발하게 됩니다. 물론 관광분야와 지상직 분야에서 일부 자격증을 원하는 경우도 있습니다. 이러한 특수한 경우를 제외하곤 면접을 잘봐야 합니다.

학교 수업도 면접강의가 있겠지만 짬짬이 개인별로 준비하셔서 채용공고를 보면 즉시 지원할 수 있도록 준비된 지원자가 되어 주셔야 합니다^^

대학, 전문대, 전문학교 시절 자격증을 미리 준비하는 학생은 정말 뛰어난 학생입니다~

17 학과에 남 · 여 학생 비율은 어떻게 되나요?

관광인을 양성하는 학교는 남 · 여 비율을 많이 따지지는 않습니다만 적지않은 항공서비스 학과가 재작년까지 남학생을 많이 선발하지 않았습니다. 하지만 근래 들어 비행 중 기내난동 등 ······ 법을 어기는 승객이 급증하여 대한항공 등 대형항공사에서 남자승무원(스튜어드)의 필요성을 느껴 남자승무원의 채용 비율을 대폭 향상하려 하고 있고 실제로 전혀 뽑지 않던 학과에서도 남학생을 많이 합격 시키고 있습니다.

이에 발맞추어 각 학과에서도 남학생의 비율을 급격히 높이는 추세에 있습니다.

이런 추세로 간다면 올해, 내년에는 예전보다는 훨씬 많은 남학생이 항공서비스과/항공경영과/호텔/관광학과에 입학할 수 있으리라 생각되네요~

18 여학생과 남학생이 함께 수업하면 혹시 썸 타는 학생들도 많을 텐데 어떻게 생각하세요?

정답은 ~~ 있기야 있지만 절대 많지는 않아요~

각자의 미래를 위해 공부하는 학생들이 학업에 전념하지 않고 사귀는 것은 별로 바람직하지 않으며 서로의 관계가 좋을 경우에는 좋겠지만 그렇지 않을 때 쌍방이 학업을 포기하는 결과도 나올 수 있습니다. 따라서 상당히 신중하게 생각해야겠죠?

서로 마음에 드는 학생이 있어도 여러분의 꿈과 목표를 이루실 때까지 잠시 보류 부탁드립니다. 불과 찰나의 순간인 2년만 잘 참고 학습하면 평생을 보장받을 수 있는데 왜들 그렇게 성급하신지요? ㅋㅋ

예쁘고 잘생기고가 아니라 승객 입장에서 다가갈 수 있는 편안한 인상부분을 많이 봅니다.
서비스 시 얼마나 좋은 인상을 줄 수 있는지가 더 중요한 요건이죠.
얼굴 예쁘고 잘생기고 영어를 엄청 잘하는~
그런 남녀 승무원이 아닌, 눈빛으로, 미소로 고객에게 따뜻함과 친절함을
가슴 깊이 전달해 줄 수 있는 그런 진실하고 따뜻한 인재를 항공사에서 원하고 있죠~

항공/관광학과 졸업 후
항공사 승무원
지원하기

03
Chapter
항공/관광학과 졸업 후
항공사 승무원 지원하기

국내항공사 승무원이 되기 위한 일반적 공통조건은 항공사별로 약간의 차이는 있지만 아래와 같습니다.

위에 설명한 조건은 국내항공사별 평균적인 조건이며 각 항공사마다 채용조건이 약간씩 차이날 수 있습니다. 항공사 승무원은 우리 학생들이 평소 생각한 것처럼 절대로 자격요건은 그렇게 까다롭지는 않습니다 ^^

어때요? 생각보다 자격요건은 굉장히 폭넓고 간단하죠~

그만큼 점수나 조건으로 매겨지는 스펙보다는 승무원의 마음가짐과 자질을 갖추고 있는 사람을 더 높게 평가하겠다는 의미로 받아들이면 되요^^

하지만 위의 자격요건을 충족했다고 하더라도 모두가 다 승무원이 될 수 있는 것은 아니죠 ^^

- 신장 제한 없음
- 나이 제한 없음
- 2년제 졸업 이상(전문학교 포함)
- 교정시력 1.0 이상
- 기혼자 가능
- 토익 550점 이상

그렇다면 항공사 승무원이 되려면 어떤 부분을 보충해야 할까요~
자세하게 설명해 보면 다음과 같아요~

✈ 전공 학과의 제한은 없습니다.

하지만 항공관련 학과 및 어문학부나 학과가 도움이 되고 대학,
전문대학, 전문학교 재학 중 아르바이트를 많이 하는데 아르바이트
도 서비스업, 항공사 견습생, 어학조교, 방송분야 등 관련분야에 종
사하면 채용에 도움이 됩니다. 특히 간호부문에 종사했던 지원자를
선호하곤 해요~ 왜냐하면 기내는 항상 응급환자가 발생할 수 있어
치료하는 의사와 환자승객에게 큰 도움을 줄 수 있거든요^^

✈ 신장, 나이, 외모의 제한이 없어요

예전부터 지금까지 항공사 남 · 여 승무원이 된 사람들이 전부 신

장이 크고 외모가 수려한 사람들이었지만 이제는 그렇지 않습니다.

외적인 부분은 예쁘고 잘생기고가 아니라 승객 입장에서 다가갈 수 있는 편안한 인상부분을 많이 봅니다. 서비스 시 얼마나 좋은 인상을 줄 수 있는지가 더 중요한 요건이죠.

얼굴 예쁘고 잘생기고 영어를 엄청 잘하는~

그런 남녀 승무원이 아닌, 눈빛으로, 미소로 고객에게 따뜻함과 친절함을 가슴 깊이 전달해 줄 수 있는 그런 진실하고 따뜻한 인재를 항공사에서 원하고 있죠~

그렇기 때문에 겉으로 보여지는 이미지가 아닌 나만의 아름다운 미소와 밝은 목소리, 그리고 마음에서 우러나오는 친절한 행동 등이 중요하다고 봅니다.

또한, 외적으로 보이는 이미지뿐만 아니라, 내적으로 항공사 승무원이라는 직업에 대해 어느 정도 알고 있고, 비행에 관한 열정은 있는지! 내적인 나의 부분도 면접에서 적극적으로 어필할 수 있는 기술이 필요하다고 생각합니다.

비행준비하는 저자 모습

이러한 모든 자격요건을 항공관련 학과에서 배우고 실습하고 익히게 되니 학업의 중요성을 이제는 알겠죠? 그런 요인 때문에 교수님이 항공학과를 지원하라고 하신겁니다^**^

또한 국내항공사에서 신장, 나이, 외모 제한을 철폐하게 된 이유는 국가인권위원회에서 각 항공사 채용담당부서에 상기의 조항에 관한 차별에 대한 강력한 권고를 시행했기 때문입니다. 따라서 각 항공사에서는 신장, 나이, 외모에 신경쓰지 않으나 보이는 외적인 부분에 있어서 개인적인 관심과 노력은 어느 정도 필요하겠죠?

✈ 외국어 부문에서 항공사 입사의 당락을 결정하는 능력은 단연 '외국어'입니다.

대부분의 항공사에서 토익 550점 이상, 전문대졸(전문학교 포함) 이상 졸업이 기준요건이고 승무원을 준비하실 때 여러 가지가 있겠지만 일단 영어부분이 상당히 중요합니다.

왜냐하면 토익점수가 550점 이상이 되어야 서류응시가 가능하기 때문이죠~

그러면 토익점수가 550점 미만인 지원자는 어떻게 해야 하나요?

서류응시는 자유지만 서류심사과정에서 "광탈"입니다.

대부분의 지원자가 커트라인을 훨씬 뛰어 넘으며 실제로 응시하는 분들은 토익 점수가 더 높다고 보셔야 합니다. 평균 승무원 합격

Test

테스트 구분	Part별 내용	샘플 문제	문제수	시간	배점
Listening Comprehension	Part Ⅰ: 사진 묘사 new	샘플 문제 보기 ▶	10문제	45분	495점
	Part Ⅱ: 질의 응답	샘플 문제 보기 ▶	30문제		
	Part Ⅲ: 짧은 대화	샘플 문제 보기 ▶	30문제		
	Part Ⅳ: 설명문	샘플 문제 보기 ▶	30문제		
Reading Comprehension	Part Ⅴ: 단문공란 메우기	샘플 문제 보기 ▶	40문제	75분	495점
	Part Ⅵ: 장문공란 메우기 new	샘플 문제 보기 ▶	12문제		
	Part Ⅶ: 1개의 단일지문 2개의 복수지문 new	샘플 문제 보기 ▶	28문제 20문제		
	7parts		200문제	120분	990점

점의 교집합이 토익점수 약 600점대 후반에서 700점대 중반으로 알려져 있고 또한 일상대화가 가능한 정도의 회화능력을 가지고 있어야 2차 영어 인터뷰에서 높은 점수를 받을 수 있습니다.

그리고 영어 외에도 제2외국어를 공부하면 항공사 면접에서 엄청 유리합니다. 영어는 기본이고 제2외국어가 가능하면 서류나 면접, 개인면접 시 가산점을 받을 수 있으며 특히 요즘처럼 기내난동 승객이 많이 발생하는 분위기에서는 가능하면 시간 확보해서 태권도나 합기도 등 …… 무술학원에 등록하여 남·여 구분 없이 무술 유단자 자격을 취득해 놓거나^(대한항공의 경우 가산점 있음) 성악, 기악 같은 악기를 다룰 수 있는 역량, 마술 등의 취미확보 또한 상당히 중요하다고 할 수 있습니다.

✈ 그러면 항공사 승무원 채용 시 면접은 어떻게 보나요?

항공사 승무원은 면접이 굉장히 큰 비중^(100%)을 차지하기 때문에 그 어떤 과정보다도 면접을 잘 치루어 내는 것이 정말 중요합니다.

일반적인 채용시험은 모범답안이 있어서 점수가 획일화되지만 면접은 모범답안이 따로 정해져 있는 것이 아닙니다.

그렇다면 승무원 면접에서 좋은 점수를 얻기 위해 필요한 것은 무엇일까요?

정답은 평소 승무원의 자세가 되어있는 지원자만이 높은 점수를 얻을 수 있어요!

아직 승무원이 되지도 않았는데 어떻게 승무원의 자세를 갖출 수 있냐구요?

자신이 합격한 대학, 전문대학, 전문학교에서 학습하는 모든 학교과정을 열심히 이수하면 됩니다.

일반적으로 국내항공사 면접관께서는 이렇게 말씀을 하시네요~

"미모나 신장에 따라 항공사 승무원 합격의 길에 가까워지는 것이 아니라" "각 항공사 인재상과 채용자격의 부합 정도나 승객의 안전을 지킬 수 있는 책임감 등을 우선적으로 고려한다."라고 공통적으로 말씀하시고 있어요~

따라서 이러한 모든 것을 혼자 해서는 단계적, 심층적으로 학습할 수가 없기 때문에 항공학과가 필요한 것이고, 재학 중 자신의 노력과 의지 또한 흔들림 없이 굳건해야 마지막에 웃을 수 있습니다.

오~ 돈 포겟(Oh don't forget) ~~~

"승무원은 되는 것이 아니라 만들어지는 것이다."
"대학교 선택의 기준은 학교의 브랜드가 아니라 이 학교에 입학했을 때 나를 항공사 승무원으로 만들어 주실 교수님의 존재 여부이다."

자...이제부터 국내 각 항공사의 채용공고를 차근차근 읽어 보면서 국내 각 항공사에서 원하는 인재상을 한 번 알아보도록 해요~

대한항공(Korean air) 객실승무원 채용설명

신입 객실승무원 모집 안내

"세계 항공업계를 선도하는 글로벌 항공사" 대한항공에서 기내 안전, 서비스 업무를 수행할 객실승무원을 아래와 같이 모집하오니 많은 지원바랍니다.

1 지원서 접수 방법
- 대한항공 채용 홈페이지를 통한 인터넷 접수
- 우편, 방문접수 및 E-mail 통한 접수는 안 됨.

2 지원 자격
- 해외여행에 결격사유가 없고 병역필 또는 면제자
- 교정시력 1.0 이상인 자
- 기 졸업자 또는 2017년 2월 졸업예정자
- TOEIC 550점 또는 TOEIC Speaking LVL 6, OPIc LVL IM 이상 취득한 자

3 전형 절차

서류전형 → 1차면접 → 2차면접 영어구술 → 3차면접 체력/수영 → 건강진단 → 최종합격

4 제출 서류
- 어학성적표 원본
- 졸업(예정) 또는 재학 증명서
- 최종학교 성적증명서
- 기타 자격증 사본

5 기타 사항
- 국가 보훈 대상자는 관계법령에 의거하여 우대합니다.
- 영어구술성적 우수자는 전형 시 우대합니다.
- 태권도, 검도, 유도, 합기도 등 무술 유단자는 전형 시 우대합니다.
- 2년간 인턴으로 근무 후 소정의 심사를 거쳐 정규직으로 전환 가능합니다.
- 일정 및 전형 절차는 당사 사정에 따라 변경될 수 있습니다.
- 원서 접수 마감일에는 지원자 급증으로 인해 접속이 원활하지 않을 수 있으므로 조기에 원서 제출을 하시기 바랍니다.

다음은 대한항공 객실승무원 채용담당부서와의 인터뷰 내용입니다.

✎ 하반기 입사를 목표로 공부 중이다. 어떤 인재를 원하나?

"항공사라는 특성상, 인재상도 당연히 제조업과는 차이가 있다. 삼성이나 엘지, 에스케이 등과 다를 수밖에 없다.
  따뜻한 가슴으로 고객을 배려하는 서비스 정신과 성실성이 무엇보다 요구된다. 전 세계를 돌아다니는 일이 많은 만큼, 진취적 성향과 글로벌 감각도 물론 중요하다."

✎ 객실승무원은 모두 인턴을 거쳐서 정규직으로 전환되는 걸로 안다. 이유가 있나?

"대한항공이 필요로 하는 인재를 뽑기 위해 필수적으로 필요한 교육 및 훈련, 평가의 기간이다. 객실승무원의 업무는 항공업의 생명이라고 할 수 있는 '대고객 서비스' 및 '안전'과 직결된다. 체계적인 교육과 훈련이 이루어지지만, 그것만으로 향상될 수 있는 것은 아니다. 자신의 적성에 대해 신중히 생각해볼 수 있는 기회를 주는 것이다. 2년 인턴근무를 거치게 되며, 대부분은 정식사원으로 전환되나 성적이 나쁜 사람은 마지막 단계에서 도태되곤 한다."

✎ 인턴기간이 너무 긴 것 아닌가?

"여러 나라를 돌아다녀야 하는 승무원 업무의 특성 탓이다. 6개월 안에 평가하기가 어렵다. 인턴의 근무기간에 정답은 없지만, 다른 기업에 비해 신중하게 보는 편이다."

✎ 서류전형에서 가장 중요하게 보는 것은 무엇인가?

"자기소개서에 지원동기와 인생에서 기억에 남는 성공 및 실패 경험, 입사 후 포부, 대한항공의 인재상과 연계한 자기 PR 등을 쓰도록 하고 있다. 다른 회사에 비해 간단한 편이다. 튀는 질문들로 인해 자칫 지원자가 문체만 화려해지는 우를 범하지 않도록 하기 위해서이다. 내용에선 성실성을 주로 본다."

✎ 객실승무원 채용에선 어떤가?

"역시 1차 면접을 꼽을 수 있겠다. 특히 객실승무원들은 외교관이나 다름없다. 전 세계 사람들을 상대하는 일이기 때문이다. 실제 사무장급 승무원과 일반직 간부 등 3인1조의 면접관들이 대한항공 승무원에 적합한지를 유심히 관찰한다."

✎ 객실승무원의 경우, 면접에서 상황판단능력을 본다고 들었다. 예를 들어 설명해준다면?

"임원 면접에서 상황을 제시해주고 대처능력을 본다. 객실에서 서빙을 하던 중에 손님에게 커피를 엎질렀다고 치자. 손님은 큰 소리를 치며 화가 나 있다. 만일 지원자라면 어떻게 하겠는가?"

정중하게 사과를 한 뒤, 지위가 더 높은 승무원을 불러서 사과를 드리겠다. 또 세탁을 책임지겠다고 말씀드리겠다.

"그럼 세탁비는 어떤 돈으로 할 건가?(웃음) 여러 상황에 대해 당황해하지 않고 침착한 답변을 하면 높은 점수를 받을 수 있다."

✎ 대한항공 입사시험은 3번 이상 지원할 수 없다는 이야기가 있다.
실제 그런가?

"우리말에 '삼세번'이란 말이 있는데, 개인적으로 3회 정도면 충분한 기회가 부여되는 것 아닌가 싶다. 승무원 취업에 대한 과잉 지원을 하는 경우가 꽤 있다. 종종 부모님들이 전화를 주신다. 딸이 자꾸 떨어지는데도, 대한항공 입사에만 매달려 있다는 거다. 공식적으로 응시횟수를 제한하지는 않지만 과잉 지원을 막기 위한 방안을 고민 중이다."

✎ 면접시험 5초 안에 당락이 결정된다는 이야기도 있다. 첫인상이
중요한가?

"(웃음)대한항공에서 웃는 모습이 아주 중요하다. 직원들한테도 늘 강조하는 대목이다. 또 비싼 옷을 입으라는 건 아니지만, 면접위원을 만나러 오는 자리에 어느 정도 예의를 갖춘 옷을 준비하는 게 좋을 것 같다."

✎ 객실승무원은 체력 테스트도 중요하다던데.

"승무원 채용전형이 원래 좀 까다롭다. 그래서 항공사 승무원이 되면 얼굴도 안보고 며느리 삼는다는 말도 있다. 10시간 이상 비행을 하기 때문에 체력은 필수적이다. 어떤 경우에는 우는 아기를 몇 시간씩 안고 있어야 한다.

따라서 윗몸일으키기 등 몇 가지 체력측정과 25m를 수영으로 완주해야 한다. 입사한 뒤에도 직원들이 1년에 1회 정도 체력테스트를 통과해야 한다. 승무원을 택하는 사람들에게 충고하고 싶은 것이 있다. 화려한 겉모습만 생각했다면, 포기하는 게 좋을 거다."

✎ 요즘 영어말하기 시험을 치르는 기업들이 많다. 대한항공에서도
　그럴 계획이 있나?

"별도의 영어말하기 시험 등을 대체할 계획은 없다. 대한항공은
사내 영어전문인력에 의한 영어면접을 실시한다. 이른바 항공영어
를 테스트하기 때문이다. 비행기 안에서 쓰는 용어들이 좀 특수하
다. 간단한 구술평가와 함께 영어 안내방송문을 읽도록 시킨다."

✎ 국제선과 국내선에 탑승하는 승무원들이 정해져 있나?

"국내선은 전담승무원들이 있다. 하지만 국제선의 경우, 국내선
비행을 겸하게 된다."

✎ 승무원 학원이 너무 많지만, 비용이 만만치 않다. 학원을 다닌 사
　람들이 유리한가?

"그렇지 않다. 내가 면접에 들어갔을 땐, 학원을 다닌 사람들이
오히려 감점을 받은 적도 있다. 너무 천편일률적이기 때문이다. 한
번은 면접에 들어온 지원자 다섯 명이 모두 하나같이 배꼽에 손을
대고 인사를 하더라. 왜 그러냐고 물었더니, 학원에서 배웠다는 것
이다. 일본 항공사들이 그런 식으로 인사를 한다고 하는데, 우리
식은 아니다. 이런 지원자들은 이미 학원에서 배운 대로 몸에 배어
서, 정작 입사 뒤에 우리가 하는 교육이 제대로 흡수되지 않을 수가
있다."

✎ 면접에서 기억에 남는 지원자가 있다면 말해달라.

"자기소개서에 자신의 취미나 특기를 노래와 춤으로 써놓은 사
람들이 있다. 즉석에서 시켰을 때 스스럼없이 바로 하는 사람들이
기억에 남더라."

✎ 능력이 출중한 사람과 입사 의지가 충만한 사람 가운데, 한 사람을 택한다면?

"덜 똑똑하더라도 대한항공의 기업문화에 어울리는 사람을 택하겠다. 우리는 화합형 인재를 선호한다. 항공사는 다양한 직종이 어우러져 일을 하기 때문이다. 자기 주장을 좀 굽히면서라도 상대방의 의견을 경청할 수 있어야 한다."

대한항공에 입사하기 위한 자신의 각오를 적어 보시오.

아시아나항공(Asiana airline) 객실승무원 채용설명

캐빈승무원 인턴 채용 공고

　최고의 안전과 서비스를 통해 고객만족을 추구하는 아시아나항공이 함께 할 새내기 캐빈승무원을 모집합니다.

　캐빈승무원 인턴은 당사 항공기에 탑승하여 기내 안전 및 대고객 서비스 업무를 담당하게 되며, 인턴사원으로 1년간 근무 후 소정의 심사를 거쳐 정규직으로 전환됩니다.

1 모집 분야 및 주요 업무
- 캐빈승무원 인턴 : 인턴으로 채용 시 1년간 근무하시고 정규직으로 채용이 진행
- 당사 국제 · 국내 노선에서 기내 안전 및 대고객 서비스 업무 담당

2 지원 자격
- 전문학사 이상 학력 소지자(기 졸업자 또는 2017년 2월 졸업예정자)
- 국내 정기 TOEIC 성적표(지원마감일 기준 2년 이내)를 소지하신 분(필수)
  ※ 어학성적 우수자 전형 시 우대
- 기내 안전 및 서비스 업무에 적합한 신체조건을 갖춘 분
- 교정시력 1.0 이상 권장(라식 및 라섹 수술의 경우 3개월 이상 경과 권장)
- 남자의 경우 병역을 필하였거나 면제된 분
- 학업성적이 우수하고 해외여행의 결격사유가 없는 분

3 기타
- 영어구술 성적표(TOEIC Speeking GST 구술시험, OPic)는 소지자에 한하여 기재하며 성적 우수자는 전형 시 우대함
- 외국어 성적의 경우 지원마감일 기준 2년 이내 국내 정기시험 성적만 인정

다음은 아시아나항공 객실승무원
채용 담당부서와의 인터뷰 내용입니다.

먼저 기본에 충실한 면접 준비를 하는 것이 최고인 듯 싶습니다.
진솔하게, 솔직하게, 진심과 열정으로 답변을 해야만 합격합니
다. 이러기 위해서는 모범답안을 외우지 말고 본인의 이야기를 제
대로 하고 나와야 합니다.
옆의 사람한테 주눅 들지 말고요. 당당하게 본인에 대해 열정을
다해 답변하고 나오면 되는 것을 …… 승무원 면접 너무 어렵게 돌
아가지 마세요. 본인에 대한 성찰을 시작하세요.

✎ 아시아나항공의 인재상은?

- 아름다운 사람들이 모여 진실됨을 추구함
- 가족 친화적이고 가족을 중요시함
- 안전, 쾌적, 빠르게 비행하는 것을 중요시함

✎ 아시아나항공 자기소개서 관련된 사항은?

- 얼마나 진실성이 있는지가 제일 중요함

✎ 아시아나 승무원이 되기 위해 준비해야 될 사항은

- 아시아나항공 인재상 알아두기
- 경영철학 알아두기
- 아시아나항공 안전철학이 뭐가 있는지 알아두기

✎ 면접 시 주로 무엇을 집중적으로 파악하나

- 진실성과 태도
- 너무 떨지 말자. 면접관도 불안하다.
- 너무 발랄하지 않기, 애기 목소리 내지 않기
- 과도한 표정, 학원에서 배우는 말투, 느낌이 너무 부담스럽다.

✎ 면접 시 제일 중요한 사항은

- 아시아나항공 면접에서는 제발 솔직하자. 면접관들은 여러분보다 오래 살았고 경험치가 많아서 다 알고 있다.
- 솔직하게 본인을 알게 해 달라.

아시아나항공에 입사하기 위한 자신의 각오를 적어 보시오.

제주항공 (Jeju) 객실승무원 채용설명

신입 객실승무원 모집 안내

[일반전형–객실정규직전환형]

1 지원 자격

- 전문학사 이상의 학력을 가진 자
- 기졸업자, 2017년 2월 졸업예정자
- 공인어학 성적 TOEIC 550점 또는 TOEIC SPEAKING 5급(110점) 이상
- 중국어 특기자 : HSK 5급(180점) 또는 HSK 회화 중급 이상
- 일본어 특기자 : JLPT N2 또는 JPT 600점 이상

2 전형 절차

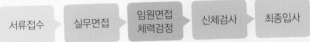

서류접수 → 실무면접 → 임원면접 체력검정 → 신체검사 → 최종입사

[일반전형–재주캐스팅]

재주캐스팅은 나이와 어학점수, 자격증 같은 스펙을 배제한 블라인드 전형으로 인스타그램을 활용해 역량을 뽐낼 수 있다.

1 지원 자격

- 전문학사 이상의 학력을 가진 자
- 기졸업자, 2017년 2월 졸업예정자
- 공인어학 성적 TOEIC 550점 또는 TOEIC SPEAKING 5급(110점) 이상
- 중국어 특기자 : HSK 5급(180점) 또는 HSK 회화 중급 이상
- 일본어 특기자 : JLPT N2 또는 JPT 600점 이상

2 전형 절차

재주캐스팅 전형 → 임원면접 체력검정 → 신체검사 → 최종입사

　　다음은 제주항공 객실승무원 채용담당부서와의 인터뷰 내용입니다.

　　제주항공 승무원 채용 시 인사담당자가 알려준 말은 1차 실무면접까지 보고 임원면접에 와서 면접 시 심하게 떨면 불합격할 경우가 많습니다.
　　저자도 위의 의견에 찬성합니다.
　　아무리 끼 있고, 적극적이고 발랄하며 팀워크가 좋은 지원자라 할찌라도 인재상과도 다르고 심하게 면접 시 떨면 전혀 부합이 안 되거든요.
　　제주항공 인사담당자 말이 체력, 책임감, 적극성, 친화력, 표현력을 강조했으며 자신감이 없어 보이는 떨면서 답변하는 지원자들은 적극성이 부족해 보여서 탈락시킨다고 합니다.
　　만일 제주항공 서류전형에 합격했다면 제주항공은 1차가 아니라 2차에서 이미지를 더 중시하고 본다고 합니다. 제주항공의 남승무원 자질은 여자들과 상당히 조화롭게 어울릴 수 있는 능력이어야 한다고 하며 끝까지 자신감 잃지 말고 떨지 말고 면접 봐야 합니다.

작년에 실시한 제주캐스팅은 엄정한 심사의지와 자기소개 그리고 꼼꼼하게 작성된 인스타그램 동영상 코멘트로 지원자들이 포장되지 않은 그대로인가에 대해 검증을 하고자 합니다.

제주항공에 입사하기 위한 자신의 각오를 적어 보시오.

이스타항공(Easter jet) 객실승무원 채용설명

신입 객실승무원 모집 안내

① 지원 자격
- 전문학사 이상 기졸업자
- 남성의 경우 군필/면제자
- 나안시력 0.2 이상, 교정시정 1.0 이상인 자
- 신체 건강하며 비행 근무에 법적으로 하자가 없는 자
- 해외여행에 결격사유가 없는 자
- TOEIC 550점 이상 또는 이에 준하는 공인시험의 자격을 취득한 자
  (TOEIC SPEAKING Lv5, OPIC IM2, TEPS 451, TOEFL 63점 이상)

② 우대사항
- 중국어 우수자 : HSK 4급 이상, TSC 3급 이상, HSK 회화 중급 이상
- 일본어 우수자 : JPT 600점, JLPT 2급
- 기타 개인적 특기 보유자

③ 전형 절차

서류전형 → 1차면접 → 2차면접 → 건강진단 → 최종합격

④ 기타 사항
- 수영테스트와 영어면접은 진행하지 않음.

이스타항공 항공기 승
무원 전형절차는 서류전
형 ➡ 1차면접 ➡ 2차면접 ➡
건강진단 ➡ 최종합격 순으로 진행하게 되며 1, 2차 면접이 있으니
준비에 차질이 없도록 해야 해요~

지난 2016년도 채용에 의하면 이스타항공사만의 특이한 점은 바
로, 블라인드 면접이었고 2017년은 토익 스피킹 점수 소지자가 유
리할 것이라는 소식이 있습니다.

블라인드 면접이란, 즉(서울지역 면접에 한해) 이름과 학교를 언급하지
않으며 또한 면접관들도 지원자에게 자기소개나 이력에 관련된 질
문을 하지 않습니다.

스펙과 무관하게 항공사가
원하는 것을 갖추고 있는 지
원자를 뽑아보겠다는 정직한
의미인 것 같습니다. 두 번
째! 기내방송문 읽어보기입
니다^^

이스타항공은 실무면접, 즉
1차 면접에서 항공사 기내방
송문을 읽어보게 합니다.

참고로 2017년 이스타항공 객실
승무원 채용면접은 서울시 강서구 소
재 서울호서전문학교에서 3일 동안
실시했습니다. 따라서 이스타항공 승
무원이 희망이신 전국 고등학생들은
해당 학교를 한번 방문하여 둘러 보
는 것이 항공사 면접에 많은 도움이
되실 겁니다^^

한국어, 영어 기내방송문을 3개 정도 읽게 된다고 하니 미리미리 연습 하셔야 해요~

마지막 특징, 대한항공과 비슷하게 현직 이스타항공 승무원이 면접관으로 참여합니다^^

면접관 세 분 중 두 분이 현직 승무원이죠~

따라서 적어도 한 번은 이스타 비행기를 이용해 보고 면접에 임하시는 것이 상당히 도움이 될 것 같습니다. 꼭 한 번 해보세요~

이스타항공에 입사하기 위한 자신의 각오를 적어 보시오.

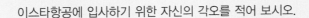

진에어(Jin air) 객실승무원 채용설명

신입 객실승무원 모집 안내

JINAIR에서 세계의 항공 문화를 새롭게 만들어 갈 젊은 생각, 창조적인 열정을 지닌 신입 객실승무원을 아래와 같이 모집하오니 많은 지원 바랍니다.

1 지원 방법
- 진에어 채용 홈페이지에서 지원서 작성

2 지원 자격
- 전문학사 이상 학위 보유자(2월 졸업예정자)
- 전공 제한이 없으며, 학업 성적 우수하고 해외여행에 결격사유가 없는 자
- TOEIC 550점 이상 취득한 자
- 신장 162cm 이상, 교정시력 1.0 이상인 자
- 남자의 경우 병역 필 또는 면제자

3 전형 절차

서류전형 → 1차면접 → 2차면접 영어구술 → 건강진단 체력 Test → 최종합격

4 제출 서류
- 1차 면접시 : 취업보호대상자 증명원 원본 1부(소지자에 한함)

5 기타 사항
- 국가 보훈 대상자는 관계법령에 의거하여 우대합니다.
- 제2외국어(일본어, 중국어) 능통자는 전형 시 우대합니다.
- 2년간 인턴으로 근무 후 소정의 심사를 거쳐 정규직으로 전환 가능합니다.
- 전형단계별 일정 및 합격발표는 채용 홈페이지에 별도 공지 예정입니다.
- 제출된 서류는 채용 목적 이외에는 사용하지 않으며, 일체 반환하지 않습니다.

　　　　　　　　　　모든 고등학생이 다 아시다
　　　　　　　　시피 진에어의 유니폼은 청바지죠?
　　그래서 진에서 승무원 면접에서도 청바지를 입고 운동화를 신고
들어 갑니다

　　청바지를 입는 목적은 이렇습니다.

　　"청바지는 자유와 실용의 상징이며, 실용성을 내세우는 진에어
의 마음입니다. 이렇듯 파격적이고 캐주얼한 유니폼을 입고, 고객
과의 거리감을 한층 줄이고 더욱 친근하게 다가가겠다는 진에어의
마음을 한껏 표현한 유니폼이라 생각합니다 ……"

　　진에어 객실승무원은 '지니(Jini)'라고 불러 달라고 요청합니다.
왜냐하면 요술램프의 요정 지니처럼 고객이 원하는 것은 언제, 어
디서든 최선을 다해서 서비스하겠다는 각오이겠죠?

　　전반적으로 이렇게 진에어는 파격과 친근, 실용을 앞세우는 저
가 항공사입니다.

　　따라서 질문은 상황대처능력에 대해 많이 물어 보곤 합니다.

　　요약해 보면 아래와 같아요^ ^

- 면접시간 40분 전까지 면접장소(강서구 등촌동)에 도착해야 하고 면
　접 전에 신분확인+키 측정(수동)해요~
- 면접 시 6명이 한 조, 면접시간 총 10분 정도 소요됩니다. 면접
　관은 남 · 여 2명 정도로 구성되며 천천히 말씀해주시며 답변
　에 대해 잘 받아주실 겁니다.^^

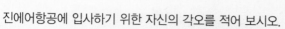

진에어항공에 입사하기 위한 자신의 각오를 적어 보시오.

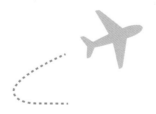

티웨이항공 객실승무원 채용설명

신입 객실승무원 모집 안내

1 모집부문 응시자격 및 우대사항

- 정비 :
  - TOEIC 700점 이상 성적 소지자(2014년 12월 이후 국내 정기시험 취득 조건)
  - 항공정비사 자격증 소지자 우대
  - 항공정비 관련 학과 및 전자/산업/기계공학과 전공자 우대
  - 위험물 취급 관련 자격증 소지자 우대

- 객실승무 :
  - TOEIC 600점 이상 성적 소지자(2014년 12월 이후 국내 정기시험 취득 조건)
  - 제2외국어(중국어, 일본어) 능력 우수자 우대

- 운항승무(부기장) :
  - 운송용 조종사(육상다발) 또는 사업용 조종사(육상다발) 자격증명
    소지자(단, 사업용 조종사 자격증명 소지자는 계기비행 한정 소지자)
  - 총 비행시간 250시간 이상인 자
  - 항공영어구술능력 4급 이상 소지자(유효기간 6개월 이상)
  - 한국 항공무선통신사 자격증 소지자
  - 항공신체검사증명 1급 소지자
  - B377 형식 한정자격 소지자 우대
  - TOEIC 800점 이상 취득자 우대(2014년 12월 이후 국내 정기시험 취득 조건)

2 공통사항

- 전문대졸 이상, 전공 무관
- 기 졸업자 및 2017년 2월 졸업예정자
- 해당 분야 관련 자격증 소지자 우대
- 외국어능력 우수자 우대
- 취업보호대상자 및 장애인은 관련법에 의거 우대
- 남자의 경우 병역필 또는 면제자
- 해외여행에 결격사유가 없는 자
- 신체검사 기준에 결격사유가 없는 자

3 제출 서류

- 최종학교 졸업(예정) 증명서 및 성적증명서
  (석사 이상 학위 소지자는 학부 포함, 편입의 경우 편입 전 성적증명서 포함)
- 해당자 : 공인기관 발행 어학 성적증명서 원본, 자격증 사본,
  경력증명서, 취업보호대상자 및 장애인 증명원
- 운항승무 : 비행경력증명서 1부, 조종사 자격증명, 신체검사증명,
  무선통신사 자격증 사본 각 1부

4 기타

- 지원분야별 중복지원은 불가능합니다.
- 근무지는 회사 사정에 따라 변경될 수 있습니다.
- 지원서 내용 중 허위사실이 있거나, 전형절차 중 결격사유에 해당하는 경우
  합격이 취소될 수 있습니다.
- 신원조회에 결격사유가 있는 경우 합격이 최소될 수 있습니다.
- 객실승무 신입의 경우, 인턴사원으로 1년간 근무 후 심사를 거쳐 정규직으로
  전환됩니다.
- 운항 교육훈련비는 본인 부담이며, 당사 규정에 의거 상환조건입니다.

　　티웨이 항공사도 다른 항공사와 마찬가지로 1, 2차에 걸친 면접을 통해 신입승무원을 선발합니다.

　　1차 실무면접 절차는 아래와 같습니다. 면접 한조 당 7~8명씩 입장하고 실무면접에서는 지원자의 이미지 면접, 기내방송문읽기 평가를 하게 되요~ 실무면접은 다른 항공사가 한 조당 약 10~15분인 것에 비해 대략 30분 이상 소요됩니다.

　　엄청 길죠? 그만큼 질문도 많답니다^**^ 따라서 이력서에 나와 있는 지원동기, 자기소개 정도는 눈감고도 할 수 있을 정도로 꾸준

히 연습을 하셔야 해요~ 기내방송문은 한국어 이외에 영어, 중국어, 일본어, 기내방송문이 있는데 전부 읽는게 아니라 이중에 본인이 자신 있는 기내방송문을 선택해서 읽으면 됩니다

2차 임원면접 절차는 다음과 같습니다. 실무면접을 통과한 후 인적성 검사와 수영테스트를 잘 통과하시고 나서 2차 임원면접을 보게 됩니다.

티웨이항공의 2차 임원면접은 임원님들과 사장님을 포함해 7~8명 면접관이 들어오게 됩니다. 면접관분들이 너무 많아서 긴장하실거라 예상되는데요^^ 너무 긴장하지 마시고 티웨이항공에 입사하고 싶은 의지, 열정, 관심이 많다는 것을 충분히 나타내보시고 티웨이 항공사에 대한 정보들을 미리 파악하시고 답변을 준비하시면 됩니다.

앞에서도 말씀드렸지만 티웨이 지원자들이 티웨이 항공사 객실승무원을 지원하기 전 해당 항공사를 한 번씩 이용해 보시는게 엄청 도움이 될 겁니다. 잊지 마세요^^

✈ 티웨이항공 인사담당자가 말하는 채용 Tip

✎ 1, 2차 면접에서 가장 중요하게 보는 것은 무엇인가?

글로벌 항공산업의 미래를 이끌어갈 티웨이항공의 인재상과 얼마나 부합하는지, 또 객실승무원으로서 승객의 안전을 지킬 수 있는 책임감을 충분히 가지고 있는지 등을 중점적으로 본다. 단지 미모가 출중하거나 신장이 클수록 합격의 길에 가까워지는 것은 아니다.

✎ 면접관들이 자주 묻는 질문은 무엇인가?

티웨이항공 면접은 여느 항공사보다 긴 편으로 알려져 있다. 지원자가 많은 만큼 그속에서 옥석을 가려내기 위해 개인에 대한 심도 있는 질의응답이 이루어지기 때문이다. 티웨이항공의 서비스를 어떻게 생각 하는지, 가장 기억에 남는 기내서비스 혹은 여행지가 어디인지 등 기본적인 질문부터 초능력이 주어진다면 어떤 능력을 갖고 싶은지, 지금 받고 싶은 질문은 무엇인지 등 지원자의 순발력과 재치를 보는 질문도 자주 묻는 편이다.

✎ 외국어능력이 입사에 있어 큰 비중을 차지하나?

외국어능력이 당락에 큰 비중을 차지한다고 해도 과언이 아니다. 다양한 국적의 고객분들에게 더 나은 서비스를 제공함은 물론, 안전을 위해서도 일본어, 중국어 등 외국어는 객실승무원에게 필수적이다. 실제로 외국어능력 우수자에게는 가산점이 부과되고 있다.

✎ 추가적인 권장사항은 없나요?

　스스로 승무원이 되고 싶은 이유를 정리하고 진실된 자기소개서를 준비해 보는 것을 권한다. 또한 티웨이항공은 외국어뿐만 아니라 악기 연주나 성악 등 특기를 가진 객실승무원들을 우대한다.

티웨이항공에 입사하기 위한 자신의 각오를 적어 보시오.

코리아익스프레스(Koreaexpress) 항공 객실승무원 채용설명

신입 객실승무원 모집 안내

코리아익스프레스에어(KEA)가 50인승 제트여객기(ERJ145) 도입으로 재운항을 준비합니다. 국내 대표 소형항공운송업체인 코리아익스프레스에어는 지난 5년간 무사고 안전운항의 경험과 신속하고 편리한 탑승수속 절차를 바탕으로 보다 친절하고 편안한 서비스를 고객 여러분에게 전달하고자 노력하겠습니다.

1 모집 분야

- 경력직승무원(여) : 당사 노선에서 기내 안전 및 대고객 서비스 업무담당
- 신입승무원(남,여) : 당사 노선에서 기내 안전 및 대고객 서비스 업무담당

2 지원 자격

- 전문학사 이상 학력 소지자, 전공 제한 없음
- 국내 정기 TOEIC 성적을 소지하신 분
- 기내 안전 및 서비스 업무에 적합한 신체조건을 갖춘 분
- 강원도 거주자 우대, 제2외국어 전공자 및 상위 어학자격 보유자 우대

3 전형 절차

서류전형 → 1차 실무면접 → 2차 임원면접 → 인적성검사 → 3차 최종면접 → 신체검사 및 체력테스트 → 합격자 발표

4 제출 서류

- 국문입사지원서
- 자격증 사본, 경력증명서(해당자에 한함)
- 최종학교 졸업(예정)증명서(편입한 경우 편입 전 학교증명서 포함)
- 졸업예정증명서 발급 불가 시는 재학증명서 대체 가능
- 취업보호대상자 및 장애인 증명원(해당자에 한함)

5 기타 사항

- 마감일은 지원자의 급증으로 인해 지원서 접수가 원활하지 못할 수도 있으니 미리미리 접수하시기 바랍니다.
- 자세한 채용일정 및 채용정보는 공지사항을 참고바랍니다.

　　코리아익스프레스에어(Korea Express Air)는 대한민국의 소형항공운송사업자이며 한서대학교의 산학협력법인으로서 '한서우주항공'이라는 이름으로 출발하였고 국내 최초의 에어택시 항공사를 표방하며 운항을 개시하였어요~

　　또한 김포 및 김해공항에서 일본 쓰시마 시의 쓰시마 공항까지 운항하는 국제노선을 전세기로 운항하기도 하였으며 2012년 5월 3일부터 양양 국제공항을 기점으로 한 국내선 3개를 운영하기 시작했으나, 탑승률 저조로 김포노선은 종료하였고, 2013년 말에는 쓰시마 공항을 중심으로 운항하던 국제선도 역시 종료하였어요^^

　　이후 양양~부산 및 양양~광주 노선만 운항하다가 2015년 3월 두 노선의 운항을 2016년 1월까지 잠정 중단하였고 2016년 2월 4일 50인승 여객기인 ERJ145를 도입해 양양~부산 노선 운항을 시작으로 양양~제주 노선도 운항하고 있습니다.

　　코리아익스프레스에어의 승무원 전형 방법은 아래의 채용공고에 아주 자세히 자~알 나와 있으니 꼼꼼히 읽어 보아요^^

코리아익스프레스에어에 입사하기 위한 자신의 각오를 적어 보시오.

에어부산(Airpusan) 객실승무원 채용설명

신입인턴 객실승무원 모집 안내

에어부산과 함께 "업계 최고 1등의 기업가치를 창출하는 아름다운 기업"을 만들어갈 신입 캐빈인턴승무원을 모집합니다.

1 주요 업무
- 기내 안전 및 대고객 서비스 업무 담당
- 근무지 : 부산

2 지원 자격
- 전문학사 이상 자격 소지자(기 졸업자 또는 2017년 8월 이전 졸업예정자 포함, 해당월 포함)
- 졸업예정자의 경우, 학칙 상학기 중 취업, 입사 및 졸업이 가능한 자에 한합니다.
- 전공 무관, 국내정기 영어시험 성적을 소지하신 분(필수)
- 영어, 일본어, 중국어 성적 우수자는 전형 시 우대(지원마감일 기준 2년 이내 국내정기 시험에 한함)
- 기내 안전 및 서비스 업무에 적합한 신체조건을 갖춘 분
- 남자의 경우 병역을 필하였거나 면제된 분

3 전형 절차

입사지원 → 서류전형 → 1차면접 → 2차면접 → 체력/수영 신체검사 → 최종합격

4 접수 방법
- 채용정보 페이지 내 온라인 입사지원
  (지원서 저장 후 최종지원까지 완료하셔야 지원서가 성공적으로 접수됩니다.)
- 마감일은 지원자의 급증으로 인해 지원서 접수가 원활하지 못할 수도 있으니 미리미리 접수하시기 바랍니다.

5 기타 사항
- 모든 전형 과정에서 증명사진을 제출하지 않습니다.
- 모든 전형 과정은 부산에서 진행됩니다.
- 최종제출 후 최종접수 메일에 있는 본인 수험번호를 반드시 확인하시기 바랍니다.
- 체력측정항목 : 악력, 배근력, 유연성, 지구력
- 수영 : 자유형 25m 완영조건

금호 아시아나 그룹 소속이고 아시아나항공과 부산, 경남 기업들이 출자하여 만든 저비용항공사입니다. 2008년 10월 부산~서울(김포) 노선을 부산 김해공항을 거점으로 하여 첫 운항을 시작한 항공사이고 국내 항공사 가운데서 본사가 지방에 있는 항공사는 에어부산이 유일하지 않나 생각됩니다. 현재 부산을 모기지로 하여 국내선 부산~서울(김포), 부산~제주, 서울(김포)~제주 노선을 운항 중이고 중국, 일본, 동남아시아 각지에 국제선 노선 항공기를 비행 중이에요~

아래의 에어부산 객실승무원 채용공고와 인사담당자의 인터뷰를 읽어 보시면 지원하시는 데 엄청 도움이 되실 겁니다^^

✈ 에어부산 인사담당자와의 Q&A

✎ 에어부산도 나이를 많이 보나요?

보통 24~26이 제일 많긴 합니다.
졸업하는 나이가 평균 그 정도이니 당연하겠죠^^

나이에 대한 것은 정해진 것이 없기 때문에 지원하셔도 됩니다. 28~29세인 합격자도 있었습니다.

✎ 여러 번 지원해도 합격할 수 있나요? 불이익이 있습니까?

저희 회사에서만 5번 떨어지고 6번째 지원해서 합격하신 분이 비행을 너무 잘 해주고 있어서 여러번 지원한 경험이 있더라도 계속 도전하라고 말씀드리고 싶습니다.

발전된 모습을 보여준다면 여러 번 지원한 경험이 있어도 합격할 수 있습니다.

✎ 서류 합격기준 무엇인가요?

아시다시피 금호계열은 자기소개서가 무척 중요합니다.

꼼꼼하고 세밀하게 심사합니다.

500자 이내면 500자에 맞게 채워서 작성하는 것이 좋고 본인의 장점, 경쟁력이 잘 표현되도록 작성하시면 됩니다.

특히 지원동기의 내용이 중요하니 더 신경써서 작성해주시면 됩니다.

✎ 실무면접에서 합격하려면 어떻게 해야 할까요? 어떤 이미지를 선호하시나요?

실무에서는 무조건 이미지를 봅니다.

명랑하고 쾌활한 이미지인지 봅니다.

친근한 친구같은, 편한 느낌의 지원자를 선호합니다.

그리고 면접 시 경청하는 자세나 예의 바른 태도를 갖추고 있는지 체크합니다.

그리고 간혹 자기소개나 지원동기 같은 기본적인 질문에도 답변을 잘 못하시는 분들이 있는데 감점 대상이 됩니다.

성의 없고 불성실하게 느껴져서 뽑지 않습니다.

✎ 합격 스펙은 어느 정도 인가요?

토익은 평균 680점 정도 됐던 것 같습니다.

하지만 말 그대로 평균이기 때문에 더 낮거나 더 높은 지원자들도 많습니다.

토익 점수의 제한이 없다고 해서 영어의 제한이 없어진 것은 아니므로 영어 회화 실력은 기본적으로 갖춰진 지원자를 선호합니다.

제2외국어는 우대사항이지만 필수로 있어야 하는 것은 아닙니다.

지난 채용 합격자 중 5명 정도가 제2외국어 특기자였습니다.

에어부산에 입사하기 위한 자신의 각오를 적어 보시오.

에어서울(Airseoul) 객실승무원 채용설명

2016년 캐빈승무원 채용 공고

새롭게 시작하는 에어서울이 함께 할 새내기 캐빈승무원을 모집합니다. 캐빈승무원 인턴은 당사 항공기에 탑승하여 기내 안전 및 대고객 서비스 업무를 담당하게 되며, 인턴사원으로 1년간 근무 후 소정의 심사를 거쳐 정규직으로 전환됩니다.

1 주요 업무
- 기내 안전 및 대고객 서비스 업무 담당

2 지원 자격
- 전문학사 이상 자격 소지자(기 졸업자 또는 2017년 2월 이전 졸업예정자 포함)
- 졸업예정자의 경우, 학칙 상학기 중 취업, 입사 및 졸업이 가능한 자에 한합니다.
- 전공 무관, 국내정기 TIEIC 성적(지원마감일 기준 2년 이내)을 소지하신 분(필수)
  ※ 어학성적 우수자 전형 시 우대
- 교정시력 1.0 이상 권장(라식 및 라섹 수술의 경우 3개월 이상 경과 권장)
- 기내 안전 및 서비스 업무에 적합한 신체조건을 갖춘 분
- 남자의 경우 병역을 필하였거나 면제된 분
- 영어구술성적표(TIEIC 성적, Speaking, GST 구술시험, OPIc)는 소지자에 한하여 기재하며 성적 우수자는 전형 시 우대함.
  ※ 외국어 성적의 경우 지원마감일 기준 2년 이내 국내 정기시험 성적만 인정

3 전형 절차

온라인 입사지원 → 서류전형 → 1차 실무자면접 → 2차 임원면접 → 건강검진 체력측정 인성검사 → 최종 합격자발표 신원조사

4 제출 서류
- 국문입사지원서
- 어학성적표 원본
- 자격증 사본, 경력증명서, 취업보호대상 증명원(해당자에 한함)
- 최종학교 졸업(예정)증명서(편입한 경우 편입 전 학교증명서 포함)
- 졸업예정증명서 발급 불가 시는 재학증명서 대체 가능
- 성적증명서(4.5만점으로 환산, 편입한 경우 편입 전 학교증명서 포함)

에어서울 항공사는 기존 아시아나항공이 출자한 저비용항공사로 에어부산의 경우 부산을 허브로 하고 있어 서울발 항공편의 수요를 충족하기 위하여 지난 2014년 설립이 추진되었어요~

이후, 2015년 운항승인을 받아 2016년 7월 11일 정기편 신규취항을 하였으며 또한 서울이라는 이름에 걸맞게 한글 ㅅ과 ㅇ을 사용한 로고를 도입하였고 김포 발 제주행 노선을 시작으로 2016년 10월, 국제선 노선에도 취항하게 되었습니다.

국제선은 아시아나항공이 운항하였으나 운항 중단한 노선을 주로 운항하며 작년에 처음 항공 승무원을 모집했는데 지원자를 모두 추려 보니 총 9,300여명 정도이었습니다. 금호아시아나그룹이 새롭게 만든 항공사라는 점과 서울이라는 브랜드 강점, 1기 승무원으로 입사할 수 있다는 점 덕에 호응을 얻은 것 같습니다.

아래는 에어서울 승무원 채용공고와 인사담당자의 질문과 답입니다. 자세히 보시면 상당한 도움이 될 것 같아요^^

🛫 에어서울 인사담당자의 질문과 답

🖊 에어서울 승무원 채용 절차는 무엇인가요.

서류전형 ➡ 1차 면접 ➡ 2차 면접 ➡ 건강검진·체력검사 및 인성검사 ➡ 최종 합격 발표 순입니다. 서류전형에서는 책임감, 배려심 등 캐빈승무원에게 필요한 덕목을 갖췄는지를 평가합니다. 1차 면접은 실무진 및 경영지원팀 팀장급 면접관이, 2차 면접은 임원이 참여하는데, 지원동기나 적성 부합 여부를 주로 봅니다. 마지막으로 건강검진·체력검사 및 인성검사를 통해 직무에 적합한 체력과 인성을 갖췄는지를 확인합니다.

✎ 지원서에 '어학성적 우수자 우대'라는 조건이 있습니다. 입사 시 어학실력은 어느 정도 필요한가요.

이번 신입 승무원의 토익 성적은 최저 500점부터 최고 900점까지 다양합니다. 어학성적 우수자를 우대하고 있지만, 고득점이 필수사항은 아닙니다. 다만, 어학성적이 다른 지원자보다 낮은 편이라면, 다른 매력을 어필할 필요는 있습니다.

✎ 자기소개서 3번에 '본인이 가장 소중하게 생각하는 것'이라는 질문이 있습니다. 작성 팁을 준다면요.

모두 알겠지만, 자기소개서는 거짓으로 꾸며 쓰기보다는 진실하게 작성하는 편이 좋습니다. 많은 지원자가 항공사나 승무원과 관련된 이야기를 억지로 지어내는데 오히려 비슷한 내용이 많아 좋은 점수를 받기 어려울 수 있습니다. 자신이 정말로 소중하게 생각해 열의를 보이는 무엇인가가 있다면 그것을 그대로 솔직하게 적으면 됩니다.

✎ 이번 신입 공채 때 만난 지원자 중 특별히 기억에 남는 경우가 있나요.

1기라서인지 입사자 모두가 기억에 남지만 굳이 꼽자면 한 지원자가 있습니다. 체력검정에서 몇 번 재시도했는데도 기준치를 계속 넘지 못했죠. 며칠 후에 재검사가 있으니 너무 걱정말라고 안내를 했는데, 마침 재검 예정일에 중요한 일정이 있다며 조정을 부탁해왔습니다. 정말 간절해 보여 양해를 해줬는데 다행히 재검에서 기준치를 넘겨서 최종 합격했습니다. 그 뒤 입사식 때 따로 찾아와서 연신 고 맙다고 말해줬습니다. 포기하지 않는 모습이 기억에 남습니다.

✏️ 채용기준에 있어, 아시아나항공 및 에어부산 승무원과 차이가 있 나요.

우선 유니폼이 다르다 보니 추구하는 이미지는 물론 면접관의 평가기준도 차이가 있습니다. 예를 들어, 아시아나항공 승무원은 '아름다운 사람들'이라는 슬로건과 어울리는 참한 이미지를 중요 시 한다면 에어서울은 조금 더 세련된 이미지를 추구하는 편입니 다. 또한 다양한 기회가 열려 있는 신생회사에 적합한 도전정신과 참신함도 중요한 포인트입니다.

✏️ 앞으로의 승무원 및 일반직 채용 계획이 궁금합니다.

일반직은 금호 아시아나그룹 공 채를 통해 매년 상·하반기에 채 용하고 있으며, 현 재 하반기 채용이 진행 중입니다. 승 무원의 경우, 매년 기체 수가 늘어날 예정인 만큼 이번 겨울쯤 채용이 한 번 더 있을 예정입 니다.

memo

에어서울에 입사하기 위한 자신의 각오를 적어 보시오.

유스카이항공(프라임항공) 객실승무원 채용설명

신입 객실승무원 모집 안내

"함께 더불어 성장하자!"라는 기업이념으로 출범하는 유스카이항공은 "열정을 갖고 도전하는 모든 지원자"를 초대합니다. 2015년 8월 취항 예정인 네트워크 항공사 유스카이항공에서 여러분의 꿈과 희망을 펼쳐 보시기 바랍니다.

1 지원 자격

- 고등학교 졸업이상 학력 소지자(만 18세 이상)
- 영어 자격 : TOEIC 550 또는 TEPS 436 이상 자격 소지자
- 울산거주자 우대
- 객실승무원 경력 2년 이상자 우대
- 영어, 중국어, 일본어 전공자 및 상위 어학자격 보유자 우대

2 접수 방법

- 유스카이항공 홈페이지 채용 공지란에서 지원서 다운로드 후 incruit@uskyair.com로 e-mail 접수
- 문의 : 070-7776-1084 또는 mssong@uskyair.com

3 전형 절차

서류전형 → 1차 실무면접 → 수영테스트 → 2차 임원면접 → 체력 및 신체검사 → 최종합격

4 제출 서류(2차면접 시 제출)

- 최종학교 졸업(예정)증명서
- 최종학교 성적증명서
- 자격증 사본(해당자에 한함)
- 공인기관 발행 어학성적증명서 원본(2013년 5월 1일 이후 취득조건) 해외체류자, 유학자의 경우도 동일하게 서류 제출
- 경력증명서(해당자에 한함)

- 취업보호대상자 및 장애인 증명원(해당자에 한함)
- 개인정보보호법에 따라 생년월일을 제외한 주민번호는 수집하지 않습니다.
  (모든 서류는 주민번호 뒷자리를 삭제 후 제출 요망)
- 주민등록등본 및 주민등록초본(혹은 병적증명서)은 채용이 확정된 자에 한하여 제출함

5 기타 사항
- 교정시력 1.0 이상인 자
- 키 162cm 이상인 자
- 남자(스튜어드)의 경우 병역필자 또는 면제된 자
- 해외여행 및 신체검사 기준에 결격사유가 없는 자
- 경력승무원은 정규직으로 채용하며 신입 인턴은 인턴기간 1년 후 정규직 전환 평가하여 정규직 전환 실시

    2017년 야심차게 취항을 목표로 준비하던 유스카이항공이 자금난으로 엠스터치, 더프라임 항공사에서 경영권을 인수한다고 합니다. 유스카이항공은 티웨이항공의 전신인 국내 최초 저비용항공사인 한성항공 설립자인 이덕형 대표가 다시 한 번 저비용항공사 설립 시도를 했던 항공사입니다. 유스카이항공(uSKY AIR)은 "KTX 요금으로 제주도 가자!"라는 슬로건 하에 국내 모든 공항을 연계하는 네트워크 항공사이었으며 2003년 국내 최초 저비용항공사(LCC)를 설립한 한성항공 임직원이 모여 2014년 유스카이항공으로 재도약했었습니다.

유스카이항공은 김포, 김해, 제주, 대구, 울산, 청주, 무안, 광주, 여수, 포항, 양양, 사천, 군산, 원주, 울릉도, 흑산도 등 국내 14군데 공항을 연결하는 네트워크 항공사를 지향하였고 표어는 Everyone Can Fly! 이었습니다.

이에 더프라임 항공사로 흡수되면서 포항을 기점으로 다시 한 번 새롭게 재탄생되어 신설되는 포항에어와 함께 손을 잡아 포항의 LCC로 자리매김한다고 합니다.^^

원래 유스카이의 U가 울산이었는데, 이제는 프라임 에어로 바뀌게 되었네요!

특히 우리나라 국내 항공사 중에 유일하게 고등학교 졸업생까지 채용범위를 넓힌 항공사였습니다.

프라임항공에 입사하기 위한 자신의 각오를 적어 보시오.

국내 항공사별 채용절차 및 특이점 한눈에 알아보기

아래의 표를 보시면 국내 각 항공사별 채용조건, 절차 및 주목할
점에 대해 알 수 있어요~

꼼꼼히 살펴보시면 큰 도움이 되실 겁니다^^

항공사	모기지	지원 자격조건	채용절차	주목할 점
대한항공 (남승무원 채용) KOREAN AIR	서울	나이제한 없음 2년제 이상 신장제한 없음 교정시력 1.0 이상	서류전형⇨1차면접 ⇨2차면접/영어구술테스트⇨3차면접 ⇨건강진단/체력검사/수영테스트⇨합격⇨최종합격	• 토익 550점 이상 또는 토익스피킹 LVL6 또는Opic LVL IM 이상 취득자 • 임원면접 시 유니폼 착용 • 기혼자 가능 • 수영테스트는 25m 완주자 • 무술유단자 우대
아시아나 (남승무원 채용) ASIANA AIRLINES	서울	나이제한 없음 2년제 이상 신장제한 없음 교정시력 1.0 이상	서류전형⇨실무자면접⇨임원면접/영어구술테스트/인성테스트⇨건강검진/체력검사/수영테스트⇨최종합격	• 토익성적 및 G TELP 성적소지자(성적 제한없음) • 수영테스트는 25m 완주자 • 기혼자 가능
진에어 (남승무원 채용) JINAIR	서울	2년제 이상 교정시력 1.0 이상	서류전형⇨1차면접 ⇨2차면접/영어구술테스트⇨건강진단/체력테스트⇨최종합격	• 토익 550점 이상 • 2년간 인턴근무 후 심사 거쳐 정규직 임용
제주항공 (남승무원 채용) JEJUair	서울	나이제한 없음 2년제 이상 신장제한 없음	서류전형⇨실무면접⇨임원면접/체력검정⇨신체검사⇨최종합격	• 토익 550점 이상 또는 G telp 소지자 • 2년간 인턴근무 후 심사 거쳐 정규직 임용

항공사	모기지	지원 자격조건	채용절차	주목할 점
에어부산 (남승무원 채용) AIR BUSAN	부산	2년제 이상 신장제한 없음 어학성적 제한 없음	서류전형⇨1차면접 ⇨2차면접⇨체력/ 수영테스트/신체검 사⇨최종합격	• 어학성적 제한 없음 • 전형 모든 과정 부 산에서 진행 • 체력측정 실시 • 수영테스트는 25m 완주자
이스타항공 (남승무원 채용) EASTAR JET	서울	2년제 졸업 이상 신장제한 없음 나안시력 0.2 이상 교정시력 1.0 이상	서류전형⇨1차면접 (신장측정)⇨2차면 접⇨건강검진⇨최 종합격	• 토익 550점 이상 또 는 토익스피킹 레 벨5 이상, TEPS 451 점, 토플 63점 이상
티웨이항공 (남승무원 채용) t'way	서울	2년제 졸업 이상 외국어 능력자 우대	서류전형⇨1차면접 ⇨2차면접⇨수영테 스트⇨3차면접⇨신 체검사⇨최종합격	• 토익 550점 이상 • 악기연주자 우대
유스카이항공 (프라임항공) (남승무원 채용) uSKY AIR	울산	고등학교 졸업 이상 만 18세 이상 교정시력 1.0 이상 신장 162cm 이상	서류전형⇨1차면접 ⇨2차면접⇨체력/ 수영테스트⇨3차면 접⇨신체검사⇨최 종합격	• 토익 550점 이상 • 인턴 2년 근무 후 정규직 채용
에어서울 (남승무원 채용) AIR SEOUL	서울	2년제 졸업 이상 신장제한 없음 교정시력 1.0 이상	서류전형⇨1차면접 ⇨2차면접⇨건강검 진/체력측정/인성검 사⇨최종합격⇨신 원조회	• 토익점수 소지자 • 1년 근무 후 정규 직으로 전환
플라이양양 (미정) FlyYangYang	강원도 양양	2017년 채용	서류전형⇨1차실무 면접⇨2차임원면접 ⇨최종합격	미정

국내 항공사별 면접 합격 후 신체검사, 체력테스트 알아보기

항공사 지원자는 면접에서 최고의 고득점을 받아 합격했다 하더라도 신체검사, 체력테스트에서 실패하면 마지막 관문에서 좌절하게 되는 것이에요. 따라서 각 항공사별 신체검사 및 체력테스트 항목을 잘 읽어 보시고 꾸준한 자기관리와 연습을 통해 이루어 낼 수 있도록 하셔야 해요.

신체검사는 주로 전염성 질환을 보기 위한 것이고–간염등. 체력테스트는 장애를 구분하기 위한 사항이 많습니다. 너무 두려워 마시고 편한 마음을 가지고 평소 운동하듯이 임하면 대부분이 합격 합니다.

항공사	신체검사항목(남 · 여 동일)	체력검사항목(남 · 여 동일)
대한항공 KOREAN AIR	혈액검사, 혈압검사, 소변검사, 고막검사, 시력검사, X-RAY, 청력검사, 신장 및 체중측정, 내과검진	악력테스트-30점 만점 눈감고 외발서기-120초 만점 윗몸일으키기-30초에 18회 만점 사이클-5분간 속도 50 유지 수영테스트-25m 완주 35초 이내 민첩성 테스트-기계로 측정 제자리 높이뛰기-기계로 측정 유연성 테스트-서서 손뻗기
아시아나항공 ASIANA AIRLINES	혈액검사, 혈압검사, 소변검사, 고막검사, 시력검사, 심전도, X-RAY, 청력검사, 색맹검사, 흉터검사, 신장 및 체중측정, 내과검진, 평발검사	악력테스트-20점 이상 배근력테스트-60점 이상 수영테스트-25m 완주 척추검사-측정기로 측정 유연성 테스트-서서 손뻗기 윗몸 일으키기

항공사	신체검사항목(남 · 여 동일)	체력검사항목(남 · 여 동일)
에어부산 AIR BUSAN	혈액검사, 혈압검사, 소변검사, 고막검사, 시력검사, 심전도, X-RAY, 청력검사, 색맹검사, 흉터검사, 신장 및 체중측정, 내과검진	악력테스트 유연성테스트 복부근력 순발력 수영테스트-25m 1분 이내 완주
이스타항공 EASTAR⁺JET	혈액검사, 혈압검사, 소변검사, 고막검사, 시력검사, 심전도, X-RAY, 청력검사, 신장 및 체중측정	없음(채용 후 교육기간에 실시)
티웨이항공 t'way	혈액검사, 혈압검사, 소변검사, 고막검사, 시력검사, 심전도, X-RAY, 청력검사, 신장 및 체중측정	악력테스트-악력계로 실시 배근력테스트 민첩성테스트 유연성테스트 윗몸 일으키기 수영테스트-25m 완주
진에어 JINAIR	혈액검사, 혈압검사, 소변검사, 고막검사, 시력검사, X-RAY, 청력검사, 신장 및 체중측정, 내과검진	배근력테스트 눈감고 외발서기 민첩성테스트 유연성 테스트 제자리 높이뛰기 사이클 수영테스트는 없음
제주항공 JEJUair	혈액검사, 혈압검사, 소변검사, 고막검사, 시력검사, X-RAY, 청력검사, 신장 및 체중측정, 내과검진	배근력테스트 민첩성테스트 유연성테스트 윗몸일으키기 수영테스트는 없음

항공사 입사 후 신입교육 및 절차 (대한항공 기준)

서류전형 ➡ 1차면접 ➡ 2차면접 ➡ 3차면접 ➡ 신체검사·체력 검사를 마치고 입사한 예비승무원을 대상으로 각 항공사에서는 나름대로 신입교육을 진행해요~

국내 여러 항공사가 많지만 신입승무원을 가장 많이 채용하는 대한항공을 중심으로 설명해보려 합니다^^

대한항공 승무원에 합격하신 지원자들은 신입승무원 교육을 받기까지 앞 차수 승무원의 교육이 마무리되어야 하기 때문에 훈련원 입소 전 약간의 시간적 여유가 있는 경우도 있습니다.

일반적으로 신입 승무원 교육기간은 10~12주이며, 인원 수급관계에 따라 더 늘어날 수도 줄어들 수도 있어요~

특히 대한항공에서는 수원 신갈 연수원에서 일반직원과 신입승무원 간 2박3일간의 합숙교육을 통해서 회사의 현황과 항공 운송 업무 전반에 걸쳐 기초 지식을 습득하게 하고 회사에 대한 소속감과 긍지를 심어주는 기초적인 교육과정을 실시하기도 합니다. (항공사 일반직과 승무직의 만남이라~~ 재미있겠죠?)

✈ 객실훈련원 입소

먼저 서울시 강서구 대한항공 본사 옆에 위치한 객실훈련원에 입소하게 되면 인사법, 기내영어회화, 기내방송문, 항공안전교육, 기내식음료 서비스, 안전훈

련의 일종인 인공호흡, 응급처치, 비상탈출, 화재진압, 면세품 판매를 위한 소정의 교육 및 재고관리(인벤토리) 등 교육을 받게 되며 영어, 어, 항공 종합상식 시험 테스트를 봅니다

약 1~3개월 이상의 국내선 근무를 마친 후 대한항공 국제선 교육훈련을 다시 5주 동안 받게 되는데요~

따라서 한마디로 정의하면 채용된 지원자는 대한항공 국제선 신입승무원 교육에 입소하여 안전훈련, 기내업무, 출입국절차, 고객불만 처리방법, 대인관계, 기내방송 등 기내업무에 필요한 모든 절차를 배우게 됩니다.

이때 교육성적이 낮으면 비행할 수 없고요, 따라서 항공학과 입학 후 대학, 전문대학, 전문학교에서 배우는 여러 가지 과목을 충실하게 학습하면 상당히 높은 점수로 수료할 수 있습니다.

✈ 교육종료 후 OJT 비행 실시

모든 신입교육이 끝난 후 교육생들은 각자 OJT 스케줄을 받고 현장팀에 합류하여 비행하게 됩니다. 이때 왼편 가슴에 "OJT"라는 팻

비행 후 브리핑하는 저자

말을 달게 되며 유럽-미국-동남아-중동-한일-한중-국내선 비행을 실시하여 수료 후 적절한 평가를 받으면 현장팀에 배속될 역량을 키우게 돼요~

✈ 훈련원 수료 후 현장팀 배속

OJT 기간이 끝나면 재교육을 받을 신입승무원 제외 전원이 현장팀에 배속되어 바야흐로 실전비행에 임하게 됩니다. 팀에 배속되면 아마도 제일 막내~~^^ 좌충우돌 하며 업무를 배우게 됩니다. 아마도 정신 없겠죠?

✈ 인턴기간 후 정규직 발령

국내 각 항공사별로 기간이 다르지만 대한항공은 2년의 인턴기간을 정하고 인턴기간 동안 수행한 업적평가, 근태를 기반으로 정규직 발령을 실시하게 돼요~

만일 정규직 발령을 받지 못하면 당연히 퇴사하게 되고 평균 약 7~10% 정도의 인원이 정규직 발령을 못 받아 정말 안타깝지만 퇴사하곤 합니다. 그래서 모든 신입승무원은 이때까지 정성을 다해 궂은일 마다 않고 일하게 돼요^^ 정규직으로 발령나게 되면 아래의 항공사 복지를 받을 자격이 생기며 모든 혜택을 고스란히 누리며 비행에 임할 수 있어요.

비행 전 해외 기내에서 브리핑하는 저자

113

항공사 입사 후 정규직 전환 혜택

국내 항공사가 모두 같은 급여를 실시하지 않고 있으며 승무원은 비행시간에 따라 급여차이가 많이 발생하는 만큼 절대적인 기준은 아니지만 보편적인 승무생활을 이해하시는 데 참고하기 바래요~

국내 대형 항공사와 저비용 항공사 비교

구분	대형 항공사	저비용 항공사
채용 규모	연 2~3회, 회당 100~300명	연 2~3회, 회당 30~60명
특이점	• 다양한 노선 경험, 육아휴직 등 다양한 복지 • 비행마다 팀 달라 동료애 쌓을 기회 적어 • 남자 승무원 채용 비중 증가	• 유연한 업무 분위기, 빠른 진급 • 요구되는 역할이 더욱 다양 • 다양한 끼와 개성 강조
급여	초봉 3,400~3,800만원	2,900~3,000만원

☞ 자료 : 각 항공사

급여의 기준은 아래와 같습니다.

항목	내 용
기본급	말그대로 기본급이며 승무원 기본급은 일반직보다 약간 적습니다.
상여금	보너스를 말합니다. 연 800%
해외출장비	해외체류 시 호텔은 물론 식대비, 문화생활비를 지급합니다.
비행수당	비행시간당 계산하여 급여와 함께 지급됩니다.
착륙비	국내선만 지급합니다. 착륙1회당 회사가 정한 일정금액 (항공회사별 차이 있음)입니다.

항목	내 용
교통비	인천공항 출근 시 지급합니다.
유니폼점수	유니폼은 한 번만 지급하고 이후 생월달 사용할 수 있는 점수를 부여합니다.

신입승무원은 모두 기본급 비슷한 수준이지만 비행시간 차이로 인해서 연봉에서 차이가 난다고 생각하시면 거의 틀림없습니다. 국내 대표적인 항공사에는 대한항공/ 아시아나/ 그리고 저가항공사가 있으며 개인별 비행시간이 가장 많은 곳은 장거리 노선이 많은 대한항공 〉 아시아나 〉 저가항공사 이렇게 되어지는데요~

정확한 시간은 아니지만 통계를 보게 되면 평균적으로 아래와 같습니다.

국내 항공사	평균 비행시간
대한항공 승무원	80~90시간/월
아시아나항공 승무원	80~90시간/월
저가항공사 승무원	50~60시간/월

위의 표를 기준으로 국내 각 항공사 신입승무원들의 대략적인 연봉을 살펴보게 된다면 아래와 같습니다.

항공사별 평균 신입승무원 연봉 정보-비행시간에 따라 매우 편차가 크기 때문에 일괄적으로 나타낼 수는 없지만 궁금한 여러분을 위해 평균을 제시 합니다.

국내 항공사	비행시간에 따른 평균연봉
대한항공 승무원	3,400~3,900만
아시아나항공 승무원	3,400~3,850만
저가항공사 승무원	2,600~3,000만

🍬 주택지원제도

김포검단, 김해, 제주 지역에 2,200세대의 사택이 준비되어져 있습니다.
주택 구입자금과 전세자금을 지원해주고 있습니다.

🍬 육아휴직

항공사 승무원들의 경우 아이를 낳고 쉬는 시간이 2년으로 상당히 깁니다. 승무원들을 보면 대부분 여성으로 구성되어져 있기에 여성우대조건이 좋은것 같아요~
그리고 육아휴직을 하고 다시 출근하면 휴직 전 직급을 인정해 줍니다.

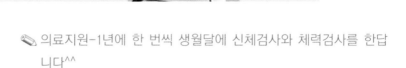

🍬 의료지원-1년에 한 번씩 생월달에 신체검사와 체력검사를 한답니다^^

🍬 학자금 지원-자녀의 중, 고등, 대학 학비를 전액 지급합니다.

🍬 해외 유학 자녀 및 해외 주재원 자녀 학자금 지원

✎ 보육비지원

✎ 직원 대학원 장학금 지원(인하대 국제물류대학원, 항공대 특수대
   학원–석사까지만 지원)

✎ 항공권 지원

✎ 퇴직 직원용 항공권 제공

✎ 신용협동조합 운영

✎ 국민연금, 개인연금 지원

✎ 건강보험, 고용보험, 산재보험, 자가보험 지원

✎ 취미반 활동지원

✎ 헬스클럽 및 수영장 운영

✎ 식사제공(구내식당에서 승무원인 경우 1일 2식 식사제공)

✎ 생수제공(대리급 이상 임직원 매월 생수 3박스 지급)

117

이렇게 대한항공 국제선 승무원이 되면 많은 혜택과 복지를 받
을 수가 있는데요^^

따라서 항공사 승무원이 되기 위해서는 우리가 입사하려는 항공
사에서 원하는 인재상에 맞추어 얼마나 잘 준비하고 있는가에 대해
스스로 느낄 수 있도록 해야 합니다.

우리 모두 어학, 면접 경쟁력을 키워 좋은 성과를 낼 수 있도록
이 책을 읽는 날부터 차근차근 준비해 보도록 해요~~~

기내에서 승객과 승무원 간 소통이 안 되어 안전이나 서비스적 측면에서 어려움을 겪는 경우가 적지 않죠... 가령 우리 국적기에 탑승하고 있는 중동승객과 소통하기가 쉽지 않고 태국,인도네시아, 스페인 승객 등과 소통할 방법을 찾던 중 해당 언어권 승무원을 채용하여 소통하게 하려고 국내 항공사도 외국인 승무원을 채용하여 기내에서 근무하게 합니다. 이러한 목적은 승객과의 언어장벽을 해결하기 위해서 하는 방법인 것은 이미 아시죠?
따라서 한국인이 많이 이용하는 외국 항공사도 이러한 기내 언어장벽 해결을 위해 한국인 승무원을 채용하고 있습니다.

Chapter 04

외국항공사
승무원
알아보기

04 외국항공사 승무원 알아보기

✈ 직업의 개요

현재 지구상에는 수많은 항공사가 자사의 비행기로 지구촌 하늘을 누비고 있으며 한국의 국적기라고 한국인만 이용하는 것이 아니라 많은 외국인이 함께 이용하고 있어요~

우리 한국 승객도 중동국적의 항공사, 유럽국적의 항공사를 많이 이용하고 있고요 ^^

따라서 기내에서 승객과 승무원 간 소통이 안 되어 안전이나 서비스적 측면에서 어려움을 겪는 경우가 적지 않죠. 가령 우리 국적기에 탑승하고 있는 중동승객과 소통하기가 쉽지 않고 태국, 인도네시아, 스페인 승객 등과 소통할 방법을 찾던 중 해당 언어권 승무원을 채용하여 소통하게 하려고 국내 항공사도 외국인 승무원을 채용하여 기내에서 근무하게 합니다. 이러한 목적은 승객과의 언어장

벽을 해결하기 위해서 하는 방법인 것은 이미 아시죠?

따라서 한국인이 많이 이용하는 외국 항공사도 이러한 기내 언어장벽 해결을 위해 한국인 승무원을 채용하고 있습니다.

최근 지속적으로 해외 여행객이 늘어남에 따라 외국항공사들이 적극적으로 한국인 승무원 채용에 나서고 있어 '미래의 하늘을 나는 민간 외교관'을 꿈꾸는 고등학교 학생들이 주목해 볼 만합니다.

특히 산업인력공단과 외국항공사 채용대행사인 ㈜아바에어인터내셔널에 따르면 에미리트항공, 에티하드항공 등 세계적인 외국항공사의 채용규모가 2005년 263명에서 지난해 403명으로 53.2% 늘어난 데 이어 올 상반기 한국인 승무원 채용수가 268명에 달하고 있어요~

그 이유는 최근 몇 년 동안 출국자 수가 10% 이상 늘어나면서 국내의 해외관광 시장이 커진데다가 한국인 승무원의 수준 높은 어학실력과 무엇보다도 세계 어느 나라에서도 볼 수 없는 성실한 근무 태도가 외국항공사로부터 인정받아서 한국인 채용 규모가 대폭 늘어나고 있다고 업계 관계자는 설명합니다.

특히 여성의 노출을 제한하는 이슬람 교리 때문에 승무원 전원을 외국인으로 선발하는 중동항공사의 경우 전체 승무원 8천여명 중 한국인이 700여명으로 호주인에 이어 두 번째로 많을 정도로 중동 지역 항공사에서 한국인 승무원이 매력적이고 선풍적인 인기를 얻고 있어요~^^

외국항공사 대부분은 국내항공사와는 달리 외국어 실력만 갖춘

다면 학력이 고졸 이상이라도 지원할 수 있을 뿐만 아니라 키 제한이 157.5㎝ 이상이거나 또는 전혀 없고 국내항공사(162㎝ 이상)보다 너그러운 데

서 알 수 있듯이 취업 '문턱'이 상대적으로 낮고 아울러 외국인 동료와 교류하며 꿈같은 해외생활 경험을 할 수 있는 기회가 많고 연봉도 국내항공사 이상으로 받는다는 장점도 함께해요~

현재 걸프항공이 이달 말까지 한국인 승무원 20~30명을 채용하는 것을 비롯해 올 하반기에 외국항공사에서 한국인 승무원 150여명을 채용할 예정이며 외국항공사 채용대행사인 아바에어인터내셔널 관계자는 "외국항공사는 자격요건이 까다롭지 않고 근무 여건도 좋아 항공승무원이 되고 싶은 고교생이라면 도전해 볼 만하다."며 "외국항공사는 수시 채용이 많은 관계로 채용공고가 나오는 지를 수시로 살펴볼 필요가 있다."고 말하고 있어요~

세계에는 정말 많은 항공사들이 있습니다.

한국과 가까운 동남아 지역을 보면 필리핀 항공, 베트남 항공, 가루다 인도네시아 항공, 타이 항공 등이 있으며 중국지역은 중국동

방항공, 중국남방항공, 드래곤에어, 홍콩항공, 케세이퍼시픽 항공 등이 있어요~

그리고 중동지역으로는 국내에서도 유명한 에미레이트 항공과 카타르 항공, 걸프항공 등이 있고 유럽 항공사로는 핀란드의 핀에어 항공, 독일의 루프트한자 항공, 네덜란드의 KLM 네덜란드 항공 등이 있으며, 일본항공에서도 가끔 한국인 승무원을 채용하곤 합니다.

위에서 말한 항공사들은 전부 한국인 승무원을 채용하는 지구촌 항공사입니다.

따라서 채용 시 국내에서 외국항공사 지원이 가능하고 면접까지 모두 한국에서 치루기 때문에 지원하기는 생각보다 어렵지 않아요^^

일단 외항사 승무원이 되면 좋은 점은 국내 항공사와는 다르게 선·후배들의 관계가 좋다는 것이에요. 즉, 국내항공사와 같은(지금은 별로 없지만,,,)"군기가 없다"라고 알고 계시면 됩니다~

학생 여러분도 많이 들어서 익히 아시겠지만 국내 항공사는 국내 기업의 위계질서를 그대로 따르기 때문에 아무래도 보수적인 부분이 많아요. 하지만 외항사에서는 업무 분위기가 수평 구조이기 때문에 직급 차이를 제

외하곤 모두 평등, 평등해요~

또, 대부분의 외국항공사 승무원들은 모두 외국인들이기에 다들 차별을 할 수 없는 오픈 마인드를 가지고 있어요~

따라서 직장 내에서 흔히 하는 위세를 부린다거나 왕따를 시키거나, 차별을 하는 등.....이런 점은 전혀 없어요^^

외국항공사에서 한국인승무원을 채용하는 가장 큰 목적은 한국 취항 노선을 이용하는 한국인들에게 편의를 제공하기 위해서이기 때문에 사실 국내항공사보다는 좋은 대우받으며 정말 편하게 일을 할 수 있다는 점이 매력적입니다.

무엇보다도 외국항공사 승무원의 가장 좋은 장점은 한달 중 10~15일 정도만 일하고 그 나머지 요일은 전부 체류장소나 국내의 집에서 쉰답니다. 아무래도 지구촌, 글로벌하게 업무를 하면 국내보단 훨씬 더 자유스럽고 편하겠죠?

✈ 주로 하는 일

- 기내 탑승한 한국인 돌보기
- 기내서비스(기내 면세품판매 포함)
- 기내 한국어 방송
- 기내 한국인 통역
- 비행 중 서비스 보조
- 안전사고 발생 시 승객의 안전한 대피유도

✈ 자격 및 보수

중동항공사(에미레이트항공, 걸프항공, 에티하드항공, 카타르항공-연간 200명 이상 채용 경우도 많음)

- 고졸/전문대(전문학교)졸 이상(고등학교 졸업자도 채용하곤 합니다)
- 키 158~160cm 이상(암리치는 항공사별로 약간의 차이가 있어요^^)
- 영어 의사소통 가능자
- 토익 점수 650점 이상
- 여권만료일이 최소 6개월 이상인 자
- 팀워크와 서비스마인드가 있는 자
- 해외여행 결격사유 없는 자
- 연봉은 국내 항공사와 거의 비슷함

✈ 채용회사

- 동남아 항공사(싱가포르항공, 타이항공, 베트남항공, 필리핀항공, 에어마카오항공, 가루다 인도네시아항공, 말레이시아항공, 중국남방, 동방항공, 뭄항공)
- 유럽항공사(루프트한자항공, 에어프랑스항공, KLM항공)

외국항공사 승무원 자격조건 같은 경우 채용하는 항공사마다 차

이가 있기 때문에 응시하기 전 자격조건을 확인하시고 지원하시는 것을 추천 해드려요~

그리고 외국항공사는 대부분 한국 사무실이 없기 때문에 채용을 국내 승무원 학원에 위탁하는 경우가 많습니다. 일반적으로 "외국항공사들이 채용을 위탁하는 방식은 두 가지에요."

하나는 국내에서 채용장소만 대여하는 경우이고, 다른 하나는 채용 과정 일부를 위탁하는 방식이에요. "채용 일부를 위탁할 경우 최종면접을 제외한 서류 심사와 1차 면접은 학원생을 대상으로 국내 승무원 학원 측에서 진행하는 경우가 대부분"이랍니다. 따라서 채용을 대행하는 외국항공사들이 많을수록 국내 학원의 경쟁력이 높아지기 때문에 각 학원들의 수주 경쟁은 치열할 수밖에 없는 구조이지요.

외국항공사 관계자는 "한국 지사나 한국 노선이 없는 외국항공사들이 국내 채용을 하는 이유 중 하나는 자기회사의 광고를 위한 것"이라며 "외국항공사들의 한국인 채용 목적이 인력 충원에만 국한되지 않은 만큼 채용 과정 외의 비용도 적잖이 소요된다."고 밝히고 있어요. 이어 "이는 높은 학원비로 이어져 결국 외항사 준비생들의 부담이 증가하게 될 수도 있다."라고 설명합니다.

앞에서 말했듯이 외국항공사의 국내채용은 주로 승무원 학원을 통해서 이루어지는 경우가 많았지만 약간의 부작용이 나타나서 현재는 산업인력공단 해외부서에서 전담하고 있습니다^^ 따라서 외국항공사 승무원에 관심이 있는 학생은 인터넷이나 채용대행학원에 문의하여 사전에 채용계획을 알아보시기를 적극 권장해요~

✈ 필요한 덕목

- 강한 체력과 서비스 정신
- 해당 외국항공사에 대한 해박한 지식
- 해당 외국항공사 승객에 대한 정확한 분석
- 해외체류에 걸맞는 문화지식과 태도
- 타인을 배려하고 항상 감사하는 자세
- 다국적 승객/승무원과 지낼 수 있는 유연성
- 한국문화, 음식만 고집하지 않는 국제적 감각

✈ 채용절차

외항사 승무원 채용절차는 항공사에 따라 약간씩 다르기 때문에 미리미리 준비하신 후 채용이 나오면 해당 항공사에 맞춰 준비할 수 있어야 해요~

항공사 채용의 경우 크게 지상직과 승무원으로 나뉘며 국내 항공사는 지상직과 승무원 모두 상·하반기 혹은 여기에 중반기까지 추가돼 정해진 시기에 채용하는게 일반적이에요. 하지만 외항사는 사세확장, 결원충원 등에 따라 수시로 채용합니다. 채용 규모 역시 국내항공사가 연간 수백 명 단위로 채용하는 것에 비해

매번 한 자릿수에서 많으면 20여명을 뽑습니다.

복리후생은 항공사마다 차이가 있고요~

지상직의 경우 GSA 소속과 지사(Branch) 소속으로 나뉘며 GSA 소속으로 입사할 경우 복리후생은 본사와 다르게 적용됩니다. 다만, 무료 또는 할인 항공권 등의 혜택은 받을 수 있고 그 외 4대보험, 보너스, 직원 대출제도 등 일반 복리후생이 추가됩니다.

✎ 지상직 채용절차

외항사 지상직 채용절차는 대개 '서류전형 ➡ 1차 실무자면접 ➡ 2차 임원면접' 순이며 항공사에 따라 중간에 필기시험을 진행하는 곳도 있습니다. 필기시험은 한국어 단어 ➡ 영어 단어 바꾸기, 영어단어 ➡ 한국어 단어 바꾸기, 영문기사 ➡ 한국어로 번역하기, 한국어 기사 ➡ 영작으로 구성돼 있으니 사전에 많은 연습이 필요합니다.

✎ 승무원 채용절차

승무원 채용 또한 지상직과 유사하나 단 승무원의 경우 한국지점이 아닌 본사가 주관해 직접 선발합니다. 따라서 한국지점 또한 그 채용시기나 내용에 대해 사전에 알기란 쉽지 않아요~

또한 객실승무원은 특히 본사 입장에서 외국인근로자로 분류돼 2년 정도의 계약기간을 맺고 근무하게 되는 경우도 많습니다.

일반적인 외항사 승무원 채용절차는 '서류전형 ➡ 1차면접 ➡ 에세이 또는 토론면접(주로 중동 항공사) ➡ 최종면접 ➡ 신체검사 ➡ 최종합격' 순입니다.

공군 조종사는 전투기, 수송기, 정찰기, 조기경보기, 헬기, 전자전기 등 군에서 운용하는 항공기를 운전하는 파일럿이며 민항조종사는 아시아나, 대한항공, 진에어, 이스타항공, 제주항공과 같은 민간 항공사에서 운용하는 항공기를 운전하는 조종사를 말하는데요. 항공기 조종사가 되기 위해서는 항공법 규정에 맞게 국토교통부장관이 발행한 조종사 자격증과 한정증명 등을 교부받아야 하며 수많은 승객들의 안전을 책임지고 있는 만큼 많은 책임감과 항공에 대한 전문지식, 외국어능력, 건강한 신체조건이 필요해요^^

05

Chapter

민간항공기 조종사/무인드론(Drone) 조종사
/항공사 일반직/항공정비사/항공관제사
/운항관리사/항공기 로드마스터 알아보기

민간항공기 조종사(Pilot)

✈ 직업의 개요

20년 후 세상은 어떻게 달라져 있을까?

최근, 세계 항공산업은 해외 여행객의 증가와 저가항공시장 발달로 독수리 같은 상승세를 보이고 있는데요~

이제 곧 어른이 될 우리 고등학생들은 무슨 일을 하면 좋을까요^^

하늘을 날고 싶다면 ……

여러분은 언제 하늘을 날고 싶다는 생각을 했나요?

마술을 부려서 창공을 날 수는 없지만 우리에겐 날개가 있는 비행기가 있습니다.

우선 비행기를 조종하는 항공기 조종사가 정확히 무슨 직업인지
알아야겠죠?

항공기 조종사란 항공기가 정해진 시간에 목적지까지 안전하게
도착할 수 있도록 조종을 맡는 사람을 말해요.

먼저, 항공기 조종사(파일럿)는 우주비행사를 제외하고 공군조종
사, 민항조종사 두 가지로 나뉩니다. 공군조종사는 전투기, 수송기,
정찰기, 조기경보기, 헬기, 전자전기 등 군에서 운용하는 항공기를
운전하는 파일럿이며 민항조종사는 아시아나, 대한항공, 진에어,
이스타항공, 제주항공과 같은 민간 항공사에서 운용하는 항공기를
운전하는 조종사를 말하는데요.

항공기 조종사가 되기 위해서는 항공법 규정에 맞게 국토교통부
장관이 발행한 조종사 자격증과 한정증명 등을 교부받아야 하며 수
많은 승객들의 안전을 책임지고 있는 만큼 많은 책임감과 항공에
대한 전문지식, 외국어능력, 건강한 신체조건이 필요해요^^

흔히 우리가 항공기 여행 시 기장, 부기장이라는 단어로 익숙해
져 있지요~

항공기 기장, 부기장 ⋯⋯⋯ 조종사의 구체적인 업무로는, 항로와 기상조건을 숙지하고, 이착륙 시에는 관제탑과 교신을 하며 항공기 상태와 조종실 시스템을 점검하는 일을 합니다.

비행 중 발생한 문제들은 모두 기장이 담당하는데요.

그렇기 때문에 여객기의 '캡틴(CAPTAIN)'이라는 단어는 항공기 기장에게 붙여지는 이름이랍니다. 따라서 캡틴은 비행하는 동안에는 비행기의 최고 책임자로서 항공 승무원의 활동을 지휘하며 운항일지를 기록하고 비행 중 발생한 각종 설비상의 문제나 이상 현상을 보고해야 합니다. 또한 비행기 조종사는 화물을 운반하기 위해 여객기, 전투기, 경비행기, 헬리콥터 등의 항공기를 조종해요. 그리고 비행기 조종사는 비행기의 성능을 평가하고 새로운 비행기를 테스트하기도 해요~ 그리고 조종사는 군에서 탐색, 구조업무를 담당하고 민간에서는 항공 측량 작업을 하며 외국에서는 소독약이나 농약을 뿌리는 일도 하고 있습니다.

비행기 조종사 ⋯⋯ 참 매력적인 직군이죠⋯.

비행기 조종사의 경우 성적이 되는 대로 할 수 있는게 아니라⋯. 미리, 오랜 기간 준비과정을 거쳐야 하는 직군이니까요⋯.

마음을 먹으면 어렵지는 않지만 앞으로 조종사에 대한 꿈이 있으시다면 미리미리 관리하시고 준비해 나가시길 적극적으로 권장합니다^**^

✈ **주로 하는 일**

- 민간항공기의 조종
- 군용항공기의 조종
- 비행할 항로와 기상조건 숙지
- 비행할 항공기 상태와 조종실 시스템을 점검
- 이/착륙, 비행 중, 비행 후 관제탑과 교신

장거리 비행 시 조종사가 2SET-4명 탑승하게 되는데 교대할 때 보면 거의 파김치가 되어 나오는 경우가 많습니다. 절대 쉬운 일은 아닙니다.

- 비행기 계기판, 관제탑과 교신, 비행 컨트롤
- 비행기의 성능을 평가하고 새로운 비행기 테스트
- 항공 승무원의 활동을 지휘하며 운항일지 기록
- 비행 중 발생한 각종 설비상의 문제나 이상 현상 보고

✈ 자격 및 보수

- 조종사 자격증과 한정증명
- 교통안전공단에서 주관하는 운송용, 사업용, 자가용 조종사의 필기시험과 실기시험을 본 후 자격증을 취득해야 하며 운송용으로는 약 1,500시간, 사업용 약 200시간, 자가용 조종사의 경우 약 40시간 이상의 비행 실기 연습시간이 필요하지요~
- 영어를 능숙하게 해야 하고 운송, 지리, 물리, 통신에 대한 기본 지식 필요
- 비행기 조종사 연봉의 경우에는 항공사마다 다소 편차가 있기

는 하지만 부기장 초임 약 6,500만 ~ 고참 수석기장 약 1억 7천
만원 정도 수준입니다. 금전적인 부분은 참 좋죠? ^^ 다만, 조
종사의 경우에는 업무 강도가 그리 낮은 편은 아니기 때문에
단순히 금전적인 부분만 생각하고 접근하는 것은 권하고 싶지
않습니다.

✈ 조종사 되는 방법

우리나라에서 민항기 조종사가 되기 위한 가장 확률 높은 방법
은 공군사관학교, 한국항공대학교 운항학과, 한서대 운항학과, 울
진비행교육훈련원에 입학하는 길이 있어요~

자 이제부터 차근차근 알려 드릴게요^^

✎ 공군사관학교 입학하는 방법입니다.

공군사관학교 입학 후 4년간의 생도생활을 마친 뒤 공군 소위로
임관하게 되고, 군조종사로 복무하게 되며 임관 이후 10년차에 1회
전역(퇴직을 군대에서는 전역이라고 해요!) 기회가 주어지고, 민간항공사에 채용
이 되면 전역 이후 민간항공기 조종사로 근무할 수 있습니다. 단,
군생활 중에 운송용 조종사 면장을 획득하여야만 민간항공기 조종
사가 될 수 있습니다.

✎ 한국항공대학교 항공운항학과, 한서대학교
   항공운항학과 입학하는 방법이에요~

두 곳 모두 2학년 때 학군단(ROTC)에 지원하
여 3, 4학년을 학군단 생활하면서 비행기초훈
련을 하는 것이 일반적입니다. (학군단을 포기하고 한
국항공대학교 비행교육원에 지원할 수도 있습니다.)

대학 졸업 후 공군 소위로 임관하게 되고,

군조종사로 복무하게 되며 임관 이후 10년차에 1회 전역기회가 주어지고, 민간 항공사에 채용이 되면 전역 이후 민간항공기 조종사로 근무할 수 있습니다. 단, 군생활 중에 운송용 조종사 면장을 획득하여야만 민간항공기 조종사가 될 수 있어요~

한서대학교의 학군단 시스템은 2005년부터 인가되었습니다.

• 문의 홈페이지
공군사관학교(http://www.afa.ac.kr)
한국항공대학교(http://www.kau.ac.kr/)
한서대학교(http://www.hanseo.ac.kr/)

✎ 한국항공진흥협회 울진비행교육훈련원 문의하시면 안내합니다.

항공 조종인력 양성체계를 강화하고 경쟁력 있는 교육기반 구축을 위해 비행교육훈련원을 설립하여 안정적인 조종인력 수급과 우수인력의 해외진출을 도모하고 있습니다.

아래의 주소로 검색해 보면 자세히 나와 있으니 참고해 보시기 바랍니다.

• 문의 홈페이지 : 항공인력개발센터(http://www.goaviation.or.kr)

✎ 한국항공대학교 비행교육원(공채/특채), 공군 조종 장학생의 길이 있습니다.

• 한국항공대학교 비행교육원 공채
  일반 4년제 대학을 졸업한 자를 대상으로 1년에 3기수를 모집하며 1기수모집에 15명 내외이고 교육기간은 총 22개월이 소요되며, 22개월 교육종료 이후 항공사 조종사로 채용됩니다. 채용이후 10년 동안 교육투자비의 일부를 대한항공에 상환해야 하니 무료교육은 아니고 교육비를 천천히 상환 하신다고 보시면 됩니다.

• 한국항공대학교 비행교육원 특채
  한국항공대학교 출신 재학생만을 대상으로 선발하며 1년에 10~12명 정도를 모집해요~
  운항학과는 2학년이 지원대상이 되며, 타과 학생들은 2, 3학년 학생이 지원대상이 됩니다.
  운항학과학생이 지원할 수는 있지만, 실질적으로 대부분은 학군단(ROTC)으로 편입되고 합격된 경우 한국항공대학교 운항학과 3학년으로 전과되며, 졸업 때까지 비행이론교육과 초급 비

행 30시간의 경력을 쌓게 됩니다.

졸업 후 총 19개월의 교육을 추가로 받게 되며, 교육종료 이후 대한항공 조종사로 채용됩니다.

• 공군 조종 장학생

일반 4년제 대학 재학생(1, 2, 3학년)을 대상으로 공군에서 공군 조종 장학생을 모집합니다. 대학 졸업 후 공군 소위로 임관하여 공군조종사로 10년간 복무하며, 나머지는 위 공군사관학교 혹은 항공대 및 한서대의 ROTC와 동일합니다.

• 문의 홈페이지

한국항공대학교 비행교육원 (http://mercury.kau.ac.kr/ftc/ftc)

대한민국 공군 (http://www.airforce.mil.kr/)

✎ 해외 플라잉스쿨(Fly school)

해외(주로 미국 네바다주에 있습니다.)에서 교육받고 일정 자격을 갖춘 후 민간 항공사에 경력 조종사로 지원할 수 있어요~(플라잉스쿨 학과 훈련이 끝나면 한국으로 돌아와 자격증 시험을 치러야 함) 네번째 경우는 외국에서(주로 미국 네바다주에 있는 비행학교에 많이 들어가며 전용교관이 한국인일 정도로 한국인 지원생이 많습니다) 교육하기 때문에 비용도 상당히 소요되는 편입니다.

따라서 가정형편이 넉넉하지 않으면 정말 힘들 겁니다. 참고하세요^^

✈ 필요한 덕목

• 건강한 체력(시력 포함)
• 강한 책임과 정신력
• 고도의 정신력, 체력, 수준급 외국어 실력
• 항공기 운항지휘 위한 리더십

- 한꺼번에 많은 업무를 처리할 수 있는 멀티능력
- 수리, 물리 등을 이해할 수 있는 계산능력
- 오랜 기간 학습할 수 있는 지구력

✈ 채용회사

국내 모든 항공회사, 해외 모든 항공회사, 공군, 공무원

✈ 채용절차

🖊 입사지원서 접수

- 접수 : 국내 항공사 채용 홈페이지를 통한 상시 접수

🖊 전형절차

서류전형 → 신체검사/지식심사/영어구술Test → 비행지식구술심사 → 기량심사(SIM) → 임원면접 → 최종합격

※ 지식(필기)심사

- 항공법, 항공기상, ATC/계기비행, PERFORMANCE & W/B, NAVIGATION, JEPPESEN CHART, 항공역학(총 7개 과목 50문항)
- 준비사항 : 공학용 전자계산기, FLIGHT COMPUTER

🖊 지원자격

- 고정익 1,000 시간 이상
- 항공영어구술능력증명 4등급 이상(자격 만료일 잔여 1년 이상)
- 국내 자격증명(CPL, IFR, MEL) 소지자

- 병역을 필하였거나 면제된 자로 해외여행 결격사유가 없는 자
- 항공법 시행규칙 제95조에 정한 신체상의 결격사유가 없는 자
- 참고 : 공군사관학교 신체검사 항목이에요^^

신체검사 기준

☞ 일반전형 : 공중근무자 신체검사 기준 적용

구분	주요 불합격 사유
체격	• 신장 :162cm 미만, 196cm 초과 　 • 체중 : 공군사관학교 홈페이지 • 좌고(앉은 키) : 86cm 미만, 102cm 초과「신장별 체중표」참조
안과	• 시력 : 나안시력 양안 각각 0.5 미만, 교정시력 1.0 미만 • 굴절 : 양안 중 어떤 한 경선이라도 +2.25D 또는 -1.75D 초과의 굴절 　이상, 1.50D 초과의 난시, 2D 초과의 부동시(조절마비 굴절검사/수동검안 판정) • 경도 이상의 사위와 모든 종류의 사시(외사위의 경우 6프리즘옵터 초과) • 굴절 교정술의 병력(PRK, 라식, 라섹, 3개월 내의 하드 콘택트렌즈 착용 등) • 안내렌즈삽입술 　 • 색각 이상 　 • 고안압증(22mmHG 이상) *공군사관학교 신체검사 이전에 시력교정술을 받은 경우
치과	• 결손치가 있는 경우(구조적으로 기능적으로 완전히 치료된 경우 제외) • 기능적으로 문제를 야기할 수 있는 심한 부정교합 • 고정식 교정장치를 치아에 부착하고 있는 상태 • 만성 구강질환 　 • 심한 안모 비대칭 • 잘 치료되지 않는 안면근막 동통장애 및 악관절 장애(개폐구 장애) • 악골 결손 또는 질환으로 언어, 저작기능 장애 • 심한 충치가 다수 있거나 심한 치주질환
이비인후과/ 신경	• 고막천공 및 급/만성 중이염 　 • 난청 　 • 메니에르 병 • 이관기능 부전(반복적 귀막힘/귀울림) • 중증도 비중격 만곡증 및 비후성 비염(주증상 : 코막힘) • 약물에 반응이 없는 알러지성 비염 • 비용 및 만성 부비동염(축농증) 　 • 간질 　 • 현훈(어지러움)
폐/흉부	• 폐결핵 또는 결핵성 늑막염(단, 비활동성임이 확인된 경우 불합격 조건에서 제외 가능) • 특발성 기흉 및 이전 병력 • 폐의 공기주머니(낭종)가 방사선 검사에서 확인된 경우(크기 관계없음) • 기관지 천식이 현재 증상이 있고 약물치료를 받고 있는 경우

항공/관광분야 진로, 직업 알아보기

구분	주요 불합격 사유
심장/혈관계	• 심전도상 부정맥으로 확인된 경우(정상변이는 예외) • 선천성 심장 판막질환 및 과거 심장수술을 받은 경우 • 고혈압 : 수축기 140mmHG 이상이거나 이완기 90mmHG 이상(신체검사 당일 기준)
혈액/내분비	• 혈액검사성 빈혈로 헤모글로빈 10g/dL 미만(원인 질환에 관계없음) • 모든 종류의 백혈병 • 당뇨병 • 통풍 • 말단비대증 • 모든 종류의 갑상선 질환(담당 군의관 판단)
복부/내장	• 위 궤양, 십이지장 궤양으로 위장관 질환의 병력 • 간염항권 보균자 • 담석증 • 검사상 비정상의 간기능 소견 • 위장 관계 수술 병력 • 궤양성 대장염, 크론병 • 난소낭종 및 자궁근종(단순 기능성 낭종 및 무증상의 자궁근종은 제외)
정형 외과	
사지	• 류마티스 관절염이나 관절질환으로 뼈에 변형 및 통증이 있는 경우(관절염) • 골종양이 있어 수술받거나 골에서 고름이 나온 경우(활동성 골수염, 골종양) • 정상 관절 운동 영역에 미치지 못한 관절운동의 제한(관절운동 제한) • 뼈가 부러진 후 잘못 붙어서 휘거나 회전 변형이 있는 경우(불유합 골절, 부전유합 골절) • 골에 결핵이 발생한 경우(골 관절 결핵) • 관절이 쉽게 빠지거나 빠지려고 하는 경우(관절 중증 불안정성, SLAP병변) • 족부에 변형이 있어 보행에 지장을 주는 경우(보행에 지장을 주는 족부기형) • 슬관절 인대파열(십자인대) 또는 이로 인한 수술병력
척추	• 척추 측만각이 20도 이상인 경우(중증도 이상의 척추 측만증) • 추간판 탈출증이 있거나 이전 병력 • 척추 골절(횡돌기의 골절 병력이 있으나 무증상일 경우는 제외) • 척추 마디가 붙어 있거나(선천적) 붙이는 수술을 받은 경우(척추 융합)
항문/직장	• 개선되지 않는 항문질환 • 직장염
비뇨/생식기	• 요로결석(완치 후 재발이 없으며 24개월이 지난 경우는 제외) • 혈뇨(단순 특발성 혈뇨는 제외) • 정류고환 • 일측 시장의 결손 • 정계 정맥류(완치된 경우 제외)
피부과	• 활동성 아토피 피부염 • 심한 다한증, 액취증 • 만성 두드러기 • 건선 • 광 과민성 피부질환(햇빛 알레르기) • 문신 • 기타 만성 피부질환

※ 위 내용에 포함되지 않은 불합격 사유는 공중근무자 신체검사 기준 적용하며, 신체검사 담당 군의관이 최종 판정함.
※ 저 시력자 중 신체검사를 통해 PRK/LASIK 수술 적합자는 일반전형 합격
  – PRK/LASIK 수술 (주요) 부적합 사유 : 교정시력 1.0 미만 / 모든 경선에서 –5.5D 초과의 굴정 이상 /
                원시 +1.5D 초과 / 난시 3.0D 초과 / 2.5D 초과의 부등시

무인드론(Drone) 조종사: Drone pilot

✈ 직업의 개요

드론의 습격이 시작됐다!!

드론! Drone의 의미는 '벌' 또는 '아주 낮게 윙윙 거리는 소리'를 의미해요~

세계 언론 보도에 따르면 드론이 다양한 방면에 활용되면서 가까운 미래에 1,270억 달러(148조원) 규모의 사람의 노동력을 대체할 것이라는 전망이 나왔습니다.

미국의 PwC는 "이는 가까운 미래에 드론을 활용한 솔루션에 의해 현재의 서비스와 노동력이 대체될 수 있는 가치"라며 "드론을 활용하면 기업들은 새로운 비즈니스와 운영 방식을 창출할 수 있다."라고 강조했습니다.

드론은 기반 시설(인프라스트럭처)과 농업 분야에서 가장 잠재력이 큰 것으로 분석되었고 드론이 인프라 분야에서는 452억 달러, 농업 분야에서는 324억 달러의 가치가 있을 것이라고 석학들은 이미 예견하고 있어요^^ 또한 드론은 인프라의 유지 보수와 재고량 평가, 모니터링 등에 활용될 수 있을 전망이며 농업 분야에서는 토양과 배수로 분석, 곡물 상태 확인에 사용될 수 있어요^^ 농업에서 드론의 임무를 본다면 넓은 면적에서 재배 중인 농작물에 농약을 뿌리거나, 농작물의 생육 상태를 분석해 출하시기를 조정하는 일 등에 드론이 효과적으로 사용될 수 있으며, 2016년 산림청의 발표에 따르

면, 드론으로 소나무 재선충병 피해 나무를 조사했더니 기존에 사람이 하던 것에 비해 조사기간이 90%만큼 단축되었고, 1인당 조사 가능 면적이 10배 증가했다고 합니다.

그리고 드론을 배송 수단으로 활용하는 움직임도 이미 시작되었습니다.

2016년 12월 14일 아마존은 영국 케임브리지에서 아마존 TV 셋톱박스와 팝콘 한 봉지를 무려 주문 13분 만에 드론으로 고객의 집 앞 마당에 배달하였는데요~

이로써 드론 배달의 상용화가 공식적으로 개시되었습니다.

마지막으로 기상 분야에서도 드론이 큰 몫을 할 것으로 예상되는데요, 위성과 슈퍼컴퓨터를 이용하여 예측을 하는 기존의 방식에서 더 나아가 사람이 직접 갈 수 없는 곳에 드론을 보내 정보를 수

집하고 더욱
정확한 기상
예보를 제공
할 수 있게 되는
것이죠.이 밖에도 건
설, 응급처치, 광고, 측량
분야 등 광범위한 분야에
서 드론은 매우 유용한 장
비로 쓰일 전망입니다.

따라서 이제 드론(Drone)은 더 이상 우리에
게 낯선 장비가 아닙니다.

TV 프로그램을 통해 드론을 많이 볼 수 있고, 취미로 드론을 즐
기는 애호가들도 점차 늘어나고 있는 추세입니다. 용산의 일부 전
자제품 매장에서는 직접 드론을 시연해볼 수 있는 공간까지 마련
해놓고 있는데요. 이렇게 드론이 우리에게 친숙함에도 불구하고,
우리 고등학생들은 드론 조종사라는 직업에 관해 얼마나 알고 계
시나요~~

드론 조종사는 2015년 12월에 한국고용정보원이 발표한 '미래를
함께할 새로운 직업' 목록에 제시되어 있어요^^

무인드론 조종사는 드론의 사용폭이 끝도 없이 넓어지고 있는
요즘에 딱 맞는 훌륭한 직업인 것 같아요!

✈ 주로 하는 일

- 군사용 작전, 폭격
- 농업 분야 토양과 배수로 분석, 곡물 상태 확인, 농작물에 농약
  살포
- 농작물의 생육 상태를 분석해 출하시기 조정

- TV 프로그램이나 영화 촬영장 예능용
- 가전제품 및 음식물 배달
- 기상 분야
- 건설, 응급처치, 광고, 측량 분야

✈ 지원자격 및 보수

- 학력, 성별, 연령 무관
- 현재 국내에서 드론 조종사 양성 자격을 갖추고 있는 지도 조종사는 불과 30여명
- 우리나라는 비행시간, 비행지역, 드론의 무게, 용도 등의 규제를 설정하고 있지만, 국토교통부가 드론을 적극 지원할 예정인 만큼 향후 규제 완화가 예상됩니다.

우리나라에서 12kg 이상 150kg 미만의 산업용 드론을 조종하려면 "항공종사자 자격시험"중 교통안전공단에서 발급하는 '초경량 비행장치 조종자격'을 취득해야 합니다.

자격시험은 학과시험과 실기시험으로 나뉘며, 실기시험은 다시 구술시험과 실 비행시험으로 구분돼요^**^

- 외국에서 교육받을 경우 교육비 약 700~1,000만 소요^{(필기-20시간,}
이론-20시간)
- 보수는 외국에서 최고 1억 1,000만원^(한화), 국내에서는 프리랜
서가 많아 정해지지 않았음.

✈ 필요한 덕목

- 기계적인 기능과 섬세함
- 높은 시스템의 이해도
- 컴퓨터 IT 계통의 적성
- 사소한 실수도 용납하지 않는 자기절제
- 기계와 생활하므로 적절한 휴머니즘
- 원만한 대인관계

✈ 채용회사

　제이와이시스템, 마린리서치, 대한무인항공서비스, 알럽드론. 현
재까지 드론 조종사는 대부분 프리랜서의 형태로 일하고 있지만 드
론의 시장이 급격히 확대될 것으로 예상되어 관련 분야의 채용이
더욱 활발해질 전망입니다.

✈ 채용절차

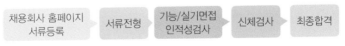

채용회사 홈페이지 서류등록 → 서류전형 → 기능/실기면접 인적성검사 → 신체검사 → 최종합격

항공사 일반직 알아보기

✈ 직업의 개요

항공사 일반직이란 항공사 본사에서 근무하는 사람을 말합니다.

따라서 4년제 대졸 공채 직원은 일반 대기업 채용과도 거의 유사해요~

일반적으로 사회에서 대한항공, 아시아나항공 직원하면 일반직을 말하는 경우가 매우 많습니다. 따라서 학력이나 어학성적에서도 일반 대기업 수준의 높은 점수를 요구하고 있어요^^

보통 공채를 통하여 지원하여 입사할 경우 지원한 부서에서 근무하다가 3년 정도 되면 다른 부서로 전출하여 모든 부서를 한 번씩 경험하게 됩니다.

항공사 입장에서도 한 직원을 훈련시켜 여러모로 다양하게 활용하게 되는 거죠^^

여기서 중요한 점은 항공사 일반직과 지상직의 업무가 매우 다르다는 점!!

꼭 기억하시기 바랍니다.

항공사 일반직과 지상직의 차이를 말씀드리면....

항공사 일반직은 항공사 정규직원을 말하고, 항공사 지상직은 항공사에서 협력업체에게 항공사 공항업무를 위임하여 협력업체에서 채용한 정규직원으로 생각하시면 됩니다.

같은 유니폼을 입고 있어도 회사가 틀린거죠^^

물론 항공사 일반직은 사복을 입고 있을 때가 많죠?

항공사 일반직은 항공사라는 이미지와 같이 상당히 추천할 만한 직업이에요~

깨끗한 근무환경, 무료항공권, 타사에 비해 좋은 항공사 복지 등....

우리 고등학생들이 생각할 수 없는 좋은 상태에서 근무한답니다.

물론 국적기 항공사 직원이라는 뿌듯한 자부심도 있고요^^

우리 고등학생들도 지원 자격이 된다면 쌤이 매우 추천할 만한 직업입니다^**^

그럼 아래를 보면서 설명 드릴게요^**^

✈ 주로 하는 일

✎ 여객부분 담당자

- 여객영업/MARKETING

  항공협정, 상무협정, 항공사 간 제휴 등을 통해 새로운 시장을 개척하거나, 노선운영에 대한 기본 전략을 수립하고, 이에 따른 지역별 마케팅 전략을 수립하여 국내외 지점에서의 영업활동을 지원합니다.

- 여객예약/발권/판매

  국내외 각 지점에서 항공편에 대한 예약접수 및 항공여행 관련 종합정보서비스를 제공합니다. 또한, 여행사에 대한 판매 지원 등 대고객 서비스 업무와 노선운영 및 마케팅 전략 수립에 필요한 정보와 서비스를 제공하는 업무를 수행합니다.

- 여객운송
  국내외 공항에서 승객의 항공기 BOARDING을 위한 탑승수속,
  수하물 관련 업무 등 대고객 서비스 업무와 여객운송 서비스
  향상 전력을 수립하고 집행합니다.

📎 화물부분 담당자

- 화물영업/MARKETING
  화물기 노선운영, 신상품 개발, 마케팅 계획 등 화물사업 전반
  에 관한 전략 수립 및 영업활동을 지원합니다.

- 화물예약/판매
  국내외 각 지점에 대한 화물예약 접수, 항공화물 대리점에 대
  한 판매 업무 및 업계와 시장의 동향 등 노선운영과 마케팅 전
  략 수립에 필요한 정보를 제공하는 업무를 수행합니다.

- 화물운송

  국내외 공항에서 항공화물 수송을 우한 조업사 관리, 특수화물 수송, 탑재관리(LOAD CONTROL) 등 제반 지원업무와 함께 화물운송 서비스 향상 전략을 수립, 집행합니다.

🖋 전략/지원부서 담당자

기획, 인사, 국제업무, 법무, 노무, 회계, SkyTeam, 국제금융 등 전사적인 차원에서의 정책을 수립하고 각 본부(여객사업, 화물사업, 항공우주사업, 기내식사업, 호텔기판서업, 객실승무, 운항승무, 정비)를 지원하는 업무를 수행하게 됩니다. 즉 모든 항공사의 업무를 기획하고 집행하는 힘 좀 쓰는 부서이지요~

그래서 항공사에 근무하건 협력사에 근무하건 전략/지원부서 담당자에게는 일종의 눈에 보이지 않는 힘이 작용한답니다. ^^

🖋 운항관리 담당자

종합통제센터와 국내외 공항에서 운항정보(취항공항 현황, 기상자료 등)를 수집/분석하여 항공기 운항여부를 결정하고, 비행계획(운항항로, 고도, 비행시간, 탑재연료 등)을 수립하여 조종사에게 제공하고 있습니다. 또한 안전운항을 위해 비행중인 항공기를 MONITORING 하면서 실시간으로 정보를 제공하는 역할을 합니다.

✈ 지원자격 및 보수

- 4년제 정규대학 모집대상전공 학사학위 이상
- 대한항공은 전공제한 있음(상경, 법정, 통계, 수학, 산업공학, 신문방송, 항공교통, 천문기상, 화학공학, 영어, 중국어, 러시아어, 불어, 독어, 일어, 서반아어, 포르투갈어, 아랍어)
- TOEIC 750점 또는 TEPS 630점 또는 OPIc LVL IM 또는 TOEIC Speaking LVL6 이상 자격 취득한 자

153

- 해외대 학사/석사/박사 학위 취득자 중 상기 영어성적이 없는 경우, 영어 성적을 미입력하여 제출 가능
- 병역필 또는 면제자로 학업성적이 우수하고, 해외여행에 결격 사유가 없으신 분
  ※ 공인회계사, 외국어 능통자, 통계 전문가, 전공 관련 자격 보유자 및 장교 출신 지원자 우대
- 보수는 일반 대기업과 동일(연봉 초임 3,500만 이상, 상여 800%)

✈ 필요한 덕목

- 진취적 성향
- 외국어 능력 및 국제적인 감각의 소유자
- 서비스 정신과 올바른 예절의 소유자
- 성실한 조직인
- 팀 플레이어
- 자율과 책임을 존중
- 창의성과 도전정신을 중시
- 개인의 역량과 성과 중시

✈ 채용회사

국내 모든 항공사

✈ 채용절차

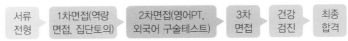

항공정비사

✈ 직업의 개요

직업의 제목에서 알 수 있듯이 항공정비사는 다양한 항공기들을 정비하는 직업입니다. 자부심도 매우 크고요~

하늘에서 안전을 책임지는 항공정비사~ 생각만 해도 멋지죠^^

그럼 구체적으로 항공정비사가 하는 일에 대해 알아보겠습니다.

정비란 모든 구성품에 대해 최적의 상태를 유지시킨다는 뜻을 말하는데요~

많은 사람들은 정비를 고장난 기계를 고치는 수리 정도의 적은 개념으로 생각하고 있지만 그렇지만은 않습니다. 항공정비사가 하는 제일 중요한 일을 간단하게 정의하면요^^

비행기의 감항성(Airworthiness)을 유지하는 일을 합니다.

우리 친구들 감항성이란 단어가 무척 생소하지요?

이 단어의 뜻은 "항공기가 안전하게 비행이 가능하도록 최상의 상태를 유지하는 것을 말합니다." 이를테면 항공기의 매 비행 전,후의 기본적인 점검, Servicing^(연료 및 오일, 작동유 보충) 및 항공기 운영시간에 따른 주기적인 검사 및 항공기의 결함이 발생했을 때 결함 부품의 교환 작업 등을 수행하여 항공기가 안전하게 운항할 수 있도록 하는 것이죠~

항공기 정비는 수백 억원에서 수천 억원에 달하는 고가의 항공기뿐만 아니라 때에 따라서는 몇백명의 인명까지 책임을 져야 하는 매우 중요한 일이에요.

신형 비행기는 시간이 지남에 따라 항공기 기기들이 점차적으로 기능 저하, 닳아서 없어짐으로 인하여 비행의 임무를 제대로 수행하지 못하게 되고요, 따라서 부착되어 있는 수많은 종류의 컴퓨터들 또한 지속적으로 최신의 상태로 유지시키는 것이 필요해요~

항공기는 여러 분야의 첨단기술이 동원되는 기계 예술의 극치로 표현될 만큼 제작에 쓰이는 부속품만 해도 수십만 개에 이른 답니다.

따라서 결론은 이런 수십만 개의 장치가 고장나지 않도록 사전에 예방하고 또한 기능의 증진을 위하여 지속적으로 개선하는 포괄적인 업무를 수행하는 사람들을 항공기 정비사라 합니다.

그리고 항공기를 정비하는 일은 매우 체계적이고 분업화되어 있어서 전공한 정비사에 따라 기체나 기관, 전자, 전기 분야 등으로 세분화 되어 있습니다.

현재 많은 학생들이 항공정비학과를 지원하고 있고 정비교육을 받고 있는데요~

항공정비학과에서 아무리 교육을 받는다 해도 정비사라는 명칭을 얻을 수는 없죠.

즉, 항공정비공학과 졸업 이외에도 항공정비 관련 자격증 취득이 필수입니다.

관련 자격증으로는 항공기관정비기능사, 항공기체정비기능사, 항공산업기사, 기사, 항공장비정비기능사, 항공정비사(면장) 등이 있어요~

그럼 항공정비학과를 다니면 항공정비관련 자격증을 취득할 수 있나요?

취득할 수 있는 자격은 주어지지만 항공정비자격증은 필기시험뿐 아니라 실기에 대한 평가도 함께 진행되는데요, 아무래도 국내에는 항공정비를 배울 수 있는 기관이 부족하기에 실습교육은 항공정비학과에서 진행하여 습득할 수 있죠.

땀흘리며 항공정비학과를 다니고 항공정비관련 자격증을 취득하면 이제 바야흐로 준비해야 할 한 가지가 더 있습니다.

여러분이 싫어하는 토익(Toeic)성적이에요~ㅎㅎ

항공정비사가 토익이라니... 무슨 생뚱맞게... 라고 생각하는 학생들이 있을 것 같습니다.

그 이유는 비행기는 국내에서 만들어진게 아니라 외국에서 만들어져서 국내에 도입한 것이고 항공기 제작사는 모든 정비 매뉴얼을 만국 공용어인 영어로 작성합니다. 따라서 항공정비사가 항공기 정비를 수행할 때 모든 과정이 전부 영어로 되어있어요!

업무 매뉴얼이라던지 항공정비용어, 기술용어, 정비팀원들 간의 의사소통 등 대부분이 영어로 이루어져 있습니다.

즉, 항공정비사가 되기 위해서는 토익점수를 일정부분 이상 획득해야 이를 이해할 수 있고 적용할 수 있어 항공정비사로서 경쟁력을 가질 수 있다는 의미가 됩니다.

항공정비학과 졸업증, 정비사 각종 자격증, 항공사에서 원하는 적절한 토익점수 등을 모두 준비한다면 당연히 항공정비사로서 취업을 이룰 수 있고 준비된 모든 조건들이 상위권에 속한다면 국내 대한항공, 아시아나 항공사와 같은 대형 항공사로의 취업도 가능합니다.

마지막으로 항공정비사는 개인적인 실력과 경력이 크게 작용을 하는 직업이며 정비한 항공기가 무사히 이륙하고 비행하며 무사히 착륙하여 돌아왔을 때 남보다 더 큰 자부심을 느낄 수 있는 "핵" 보람 있는 직업이에요~

✈ 주로 하는 일

- 비행기의 감항성 유지
- 기체정비 및 전자정비
- 객실정비
- 항공기 자체정비
- 항공기의 동체 및 엔진, 계기 등을 조립, 조정, 정비
- 사용한계치를 초과하는 부품 교체, 연료, 오일검사
- 설치 또는 수리부분의 작동상태 검사, 확인
- 해외파견 및 항공기 정비

✈ 자격 및 보수

- 항공정비학과 졸업 및 자격증 (면장) 획득
- 영어 토익점수 확보
- 초임 연봉 3,000대 후반
- 기본적인 체력

✈ 필요한 덕목

- 색맹이나 청력에 문제 없어야 함
- 치밀함과 집중력
- 성격이 꼼꼼하고 기계조작 능력
- 협동심과 성실함
- 철저한 책임감
- 적절한 정비행정 업무에 따른 기획역량
- 전산 관리에 필요한 전산전문 및 통계, 분석역량
- 집중력과 판단력
- 원활한 업무 수행을 위한 외국어 실력
- 세밀하고 꼼꼼한 성격을 가진 사람에게 유리하며 인내심 소유자
- 현실형과 진취형의 흥미를 가진 사람에게 적합하며, 협조심, 스트레스 감내, 분석적 사고

✈ 채용회사

국내 각 항공사(대한항공, 아시아나항공, 진에어, 이스타항공, 제주항공, 티웨이항공, 에어부산, 에어서울) 및 외국항공사, 육해공군 비파괴 부사관, 군 기술병, 육군 3사관 학교, 기계. 전자관련 회사(조선, 자동차, 기계, 전자관련기업), 항공분야 기술직 공무원 및 군무원

✈ 채용절차

✎ 지원자격요건

- 공통사항
1. 전문학사 이상 자격 소지자 또는 항

공정비사 양성과정 수료자(전문대학 또는 대학교 전자공학 및 전기공학 전공 졸업자 지원 가능)

2. 남자의 경우 군필 또는 면제인 자
3. 국내공항 또는 해외근무 가능한 자

- 우대사항
  1. 항공정비사 자격증 소지자
  2. 항공사 항공기술요원 양성과정 수료자
  3. 외국어 활용능력 우수자(영어, 중국어, 일본어)
  4. 취업보호대상자(국가유공자 자녀 및 보훈대상자)

- 기타
  인턴정비사로 1년간 근무 후 소정의 심사를 거쳐 정규직으로 전환

✎ 전형절차

온라인전형 → 서류전형 → 실무면접 → 임원면접 및 인성검사 → 신체검사 → 최종 합격

항공관제사(Air traffic controller)

✈ 직업의 개요

　　만일 시내나 고속도로를 달리는 차량들이 '멈춤'과 '정지' 등을
표시하는 신호등과 교통경찰관이 없다면 어떻게 될까요? 도로는
서로 먼저 가려는 차량들로 뒤엉켜 무법천지가 되고 곳곳에서 끔찍
한 교통사고가 발생할 거예요~

　　따라서 모든 도로는 신호등과 교통경찰관이 있기 때문에 차량이

몰려 정체가 되더라도 사고가 나지 않고 원활한 소통이 이뤄집니다.

비행기가 날아다니는 하늘에도 고도와 방향에 따라 보이지 않는 길이 있어요^^ 그 하늘 길에서 비행기의 신호등과 교통경찰의 역할을 하는 사람들이 바로 항공 교통관제사입니다. 이들은 하늘이 아닌 땅에서 레이더와 전자기기를 보며 항공기의 모든 운항 과정을 안내하고 통제해요~ 즉, 항공기가 승객을 탑승시켜 출발지 공항에서 목적지 공항까지 운항하는 전 비행구간 동안 항공기 간 고도유지, 항공기 충돌 방지, 항공기 장애물 간의 충돌 방지, 항공교통 흐름의 조절 및 촉진 업무를 합니다.

일반적으로 항공교통관제사는 공항에서 제일 높이 솟아있는 관제탑에서 근무합니다. 왜냐하면 활주로나 계류장에서 이동하는 항공기의 흐름을 가장 잘 볼 수 있는 곳이 높게 솟은 관제탑이기 때문이에요~

인천국제공항의 관제탑의 높이는 자그마치 100.4m 정도로 높고 이곳에서 30여명의 항공교통관제사들이 24시간 2교대로 근무하고 있습니다. 관제탑에 근무하는 항공교통관제사는 그 공항 내의 항공기 이동과 이·착륙만 담당하며 관제탑의 통제를 벗어난 항공기는 공항 주변에 있는 접근관제소가 맡게 되고 이곳에 근무하는 항공교통관제사는 항공기가 이륙한 직후부터 항로에 오를 때까지, 그리고 반대로 항로에서 항공기의 착륙 직전까지 통제합니다. 또한 하늘 길을 운항할 때 항로 안전거리 유지 및 허가 등은 항로관제소가 담당해요. 좀 복잡하죠? 그렇기도 하겠네요 ^**^

따라서 항공교통관제사의 임무는 항공기의 안전한 이착륙을 돕

기 위하여 비행기 조종사에게 기상, 풍속 등의 정보를 제공하고 항
공교통을 지휘하며 관제탑에서 항공기의 이륙 및 착륙신고서를 확
인하고 활주로 및 공항주변의 기상상태를 점검하며 이륙 및 착륙하
고자 하는 항공기조종사와 항공기의 목적지, 항공기 상태, 연료의
잔유량 등에 대해 교신해야 하며 해당 항공기의 이·착륙 활주로,
예정시간, 순서 등을 배정하여 유도하고 이·착륙을 허가하는 임무
를 맡아서 한답니다.
　　다시 말하면 사방이 뻥 뚫린 국제/국내공항 초고층 전망대에서
항공기의 움직임을 감시하고 통제하는 젠틀먼(Gentlmen)의 직업이
에요~

🛬 주로 하는 일

- 항공기의 모든 운항 과정을 안내하고 통제
- 전 비행구간 동안 항공기간 고도유지, 충돌 방지, 장애물 간의

충돌 방지, 항공교통 흐름의 조절 및 촉진 업무
- 이륙하는 비행기의 이륙허가
- 착륙하는 비행기의 착륙허가
- 회항하는 비행기의 회항허가

"국내 모든 공항의 관제탑과 접근관제소에는 항공교통관제사가 근무하지만 그 중 공무원의 비율은 그리 높지 않습니다. 공무원이 근무하는 공항은 인천공항과 김포공항, 제주공항, 여수공항, 무안 공항 등이고 광주공항과 성남공항 등은 군인이 관제를 맡고 있으 며 김해공항과 사천공항은 공무원과 군인들이 합동근무를 하고 있 어요~ "

✈ 자격 및 보수

항공교통관제사는 크게 공무원과 군인, 그리고 민간인으로 나뉘 며 항공교통관제사가 되려면 우선 항공교통관제사 자격증을 따야 해요~

국내에는 한국항공대학교와 한서대학교에 관련학과가 있고 또 일반인들은 한국공항공사에서 운영하는 항공기술훈련원에서 양성 과정을 거치면 자격증 취득 가능합니다.

군인은 공군사령부에서 관제 특기를 받아 전문교육기관에서 교육을 받은 후 취득해요 ^**^

시험 자격이 되면 교통안전공단에서 자격증을 취득한 뒤 항공영어구술능력증명 4등급 이상의 자격도 얻어야 하고, 이런 자격을 갖춘 뒤 기술직공무원 시험을 거쳐야 하며 시험에 통과하면 8급 공무원으로 채용됩니다. 채용된 공무원은 국토교통부 산하 서울지방항공청과 부산지방항공청에서 근무하게 되며, 공무원 신분의 항공교

통관제사는 대부분 결원이 생길 때 뽑습니다.

민간인으로는 유일하게 인천국제공항공사에 26명의 계류장 관제팀이 있습니다. 인천공항에는 하루 평균 800~900대의 많은 항공기가 운항되기 때문에 서울지방항공청에서 담당할 수가 없어 위탁한 것입니다. 인천공항 계류장 관제사들은 항공기 착륙 직후부터 이륙 직전까지만 담당하며 인천국제공항공사도 결원이 있을 때만 뽑고 있어요~

인천국제공항공사 관제사들은 인천공항 탑승동A 인근에 별도로 세워진 계류장 관제탑에서 근무하죠.

보수 측면에서 본다면 항공교통관제사는 국토교통부 공무원으로 8급부터 시작하기 때문에 8급 공무원 보수를 받게 되고 현장 근무자들은 교대와 야간 근무로 별도의 수당을 받습니다. 항공교통관제사 출신으로 최고위직에 오른 인물은 서울지방항공청장으로 되어 있습니다.

군대에 있는 항공교통관제사들은 직업 군인이고 하사 · 중사 · 상사 · 준위 등 부사관들로 계급과 연차에 따라 급여가 다릅니다.

인천국제공항공사에 근무하는 관제사들은 공무원들보다 급여가 많으나 공무원과 군인들은 퇴직하면 연금을 받지만 인천국제공항공사는 그렇지 않습니다. 따라서 퇴직연금과 함께 비교해 보아야 정확한 액수가 산출되죠.

✈ 필요한 덕목

- 고도의 집중력과 판단력
- 기상이변 등 상황에 대한 대처능력
- 외국어 구사 능력
- 책임감 필요
- 기계 장비에 대한 흥미
- 현실형과 탐구형의 흥미를 가진 사람에게 적합
- 협조심, 자기통제능력, 스트레스를 감내할 수 있는 성격을 가진 사람들에게 유리
- 순간적으로 상황을 정확히 파악하고 신속하게 판단할 수 있는 순발력과 리더십
- 상황을 파악할 수 있는 센스와 재치

✈ 채용회사

국가기관, 인천공항공사, 국내 각 공항지점, 외국항공사

✈ 채용절차

필기시험 ▶ 면접 ▶ 최종합격

- 항공교통관제사 면장 소지자
- 항공신체검사증명 제3종 합격자
- 항공무선통신사 자격증 소지자 우대
- 영어능력 우수자
- 관제 및 행정업무 유경험자

✎ 관제사 면접 시 자주 나오는 질문

- 자기소개 1분 동안 해보세요.
- 살아오면서 갈등상황이 많았을텐데, 지금 생각나는 갈등상황
  과, 누구와 갈등을 겪었고, 그 갈등상황을 해결하기 위해 나의
  어떤 요소를 활용하여 해결했는지 3단계로 논리적으로 설명해
  보세요.
- 부패공무원에 대해서 어떻게 생각하나요?
- 공무원은 어떤 자질이 있어야 한다고 생각하나요?
- 당신의 어떤 자질이 공무원으로서 적합하다고 생각하나요?
- 국민이 좋아하는 공무원이란 무엇이라고 생각하나요?
- 일반직공무원과 기술직공무원에 대해 설명해보세요.
- 그러면, 일반직공무원과 기술직공무원의 협력관계에 대해서
  어떻게 생각하는지 말해보세요.
- 관제사 지원 계기는 무엇인가요?
- 관제사는 스트레스를 생각보다 많이 받는 직업인데, 그것에 대
  해서 어떻게 생각하세요?
- 평생 관제사를 할 수 있다고 생각하나요?

운항관리사(Airline dispatcher)

✈ 직업의 개요

운항관리사는 항공사에서 채용하는 직원인 경우가 많습니다.

이 부분이 항공교통관제사와는 다른 부분이 됩니다.

항공교통관제사는 국토부 공무원이거나 인천공항공사의 계류직 관제쪽, 혹은 군 소속이라고 볼 수 있죠. 항공운항관리사는 비행계획서를 작성하는 일을 합니다.

이외에도 비행기가 이륙을 하고 항공교통관제사의 통제가 끝나는 시점부터 비행기가 운항하는 모든 상황을 관리, 감독을 한답니다. 비행기 내에 응급환자가 발생한다든지 비정상적인 상황이 일어날 때 즉각적으로 조치를 취하는 역할을 해요. 운항관리사의 순간의 결정이 자칫하면 큰 사고로 이어질 수 있기 때문에 항공기 운항에 있어서도 매우 중요한 역할을 하고 있죠.

따라서 항공관리사는 항공 최고의 스페셜리스트, 지상의 조종사 'Pilot on the ground' 라는 수식어를 가지고 있습니다^^

즉, 사규나 법령에 "항공법상, 비행계획 작성, 항공기 연료계산, 비행감시의 3가지 일을 행한다."라고 명시되어 있는데 항공사 실무에서도 동일하게 적용됩니다.

비행계획 작성은 자신에게 할당된 비행편에 대해서 비행기를 어느 항로로 보내는지, 비행시간은 얼마나 되는지, 비행편이 겹치진 않는지에 대한 각 비행의 필요한 계획을 세우며 기상상황이나 여러 상황을 고려하여 항공기 운행을 지연 또는 결항시키는지에 대한 결정을 합니다. 또한 비행에 필요한 연료를 계산하여 조언을 하고 자신이 맡은 항공편이 목적지까지 잘 도착하는지에 대해서 계속적인 모니터링과 함께 비상상황 발생 시 기장에게 조언을 담당하는 역할을 해요~

따라서 항공사 운항관리사는 협력업체 직원이 아니라 앞에서 설명한 항공사일반직 이며 한마디로 말해서 항공사에 소속되어 안전과 효율을 모두 고려해 최적의 비행을 만들어 내는 사람이라고 볼 수 있겠네요^^

✈ 주로 하는 일

- 항공노선의 변경에 따른 항로를 계산하고 추가로 소요될 연료 계산
- 항공기에 탑재할 화물의 종류 및 수량, 승객인원 등을 파악하여 중량을 검토하고 항공기의 운항에 적합한 중량배분(항공기의 무게중심선정)을 산출
  - 운항거리 및 기상상태 등을 고려하여 급유량을 결정
- 운항노선, 사용기종, 출발시간, 영공 통과시간, 운항고도, 비행속도, 도착지, 운항예정시간, 비상호출신호, 기장성명, 항공기번호 등을 정리하여 비행계획서를 작성
- 기장(정기항공운송업 / 부정기항공운송업)에게 비행계획을 설명하고 관련 내용을 협의
  - 기장 및 부기장이 작성한 비행일지를 검토하여 문제점을 확인하고 해결방안을 분석

- 비행계획의 작성 : 대한항공의 경우 하루의 뜨고 내리는 비행편이 약 400~500편이 됩니다. 이 모든 비행편에 대해서 비행계획을 작성해야 하며, 비행계획을 위해서 필요한 데이터들을 받아서 아침, 오후, 야간 3교대로 운항관리사들이 자신이 맡은 비행편에 대해서 비행계획을 작성합니다.

- 연료계산 : 이건 비행계획 작성단계에서 이루어지는 절차로서 화물이나 승객의 데이터들을 기반으로 그날의 필요연료 및 ACL^(허용탑재중량) 등을 계산하며 이에 대한 후속 절차들을 수행하게 됩니다. 예를 들어 기상상황이 나쁠 것이라 예상되어 EXTRA 연료를 탑재하는 경우 탑재하기로 하였던 화물이나 짐을 싣지 못하는 경우가 발생하기 때문에 이러한 경우에 연료계산은 운항관리사의 중요한 업무라 할 수 있습니다.

- 비행감시 : 대한항공으로 설명드리면 비행기가 출발하여 목적지가 도착할 때까지 시시각각으로 모니터링을 시행하고 비상상황이 발생한 경우 조언 및 대응방안을 마련합니다. 항공사마다 체계가 다르기 때문에 각각 설명을 해드리긴 무리가 있습니다. 3교대 근무를 하기 때문에 주말 혹은 공휴일에 대한 개념이 사라지며 항공기는 항상 24시간 운행이 되기 때문에 3교대 근무를 시행하게 됩니다. 한 달 또는 보름 동안의 스케줄을 결정하여 업무를 하기 때문에 주말 혹은 공휴일에 대한 개념이 사라집니다. 그렇기 때문에 평범한 직장을 다니시는 분들과는 다른 생활패턴을 가지게 되실 것이며 여성분이시라면 체력적으로 많이 힘들 것이라 예상이 됩니다. 여성이

아이를 임신했을 경우에만 밤샘 근무 제외입니다.

라고 3교대 야간근무
를 하지 않는 경우
는 없고, 모두가
똑같이 밤샘 근무
및 3교대 근무를 수
행 중에 있습니다.

✈ 자격 및 보수

- 대한민국 운항관리사 자격증 소지자
  또는 대한민국 운항관리사 필기시험
  전과목 합격자
- TOEIC 700점 이상 또는 이에 준하는 공인
  시험의 자격을 취득한 자(토익스피킹 Lv6, OPIC
  IM3, TEPS 556, TOEFL 80점 이상, 2014년 6월 1일 이후 응시한

  국내시험에 한함)

- 대한민국 항공무선통신사 자격증 소지자
- 4년제 대학 이상 기졸업자
- 군복무를 필한 자 또는 면제자
- 해외여행에 결격사유가 없는 자

기상학과, 항공교통관제과 등을 졸업하는 것이 좋구요.
운항관리사, 항공교통관제사 자격증이 있으면 우대가 됩니다.
해외에서 운항관리사 자격증을 취득한 후 국내 자격증으로 전환
하는 방법도 있고요~
신체적인 사항은 항공사 직원으로 나안시력이 좋지는 않아도 됩
니다.
이미 알고 계신 것처럼 운항관리사 학과시험은 응시경력과 관계
없이 응시하실 수 있습니다. 응시경력에 대한 관련 서류는 실기시

험 원서접수 전에 제출하시면 됩니다.

현재 국내에서 운항관리사 교과과정을 운영하는 곳은 한국항공대학교(경기도 수색 소재)나 한서대학교(충남 태안 소재) 항공교통학과입니다. 한국항공대학교, 한서대학교 항공교통 전공을 하였다고 자동으로 자격을 취득하는 것은 아니며 운항관리사를 응시하기 위한 과목 및 운항관리실습(3개월 이상)을 이수해야 운항관리사 자격증 취득을 위한 시험에 응시할 수 있습니다. 이외에 항공사에 입사하거나, 군에서 해당 관련 경력을 충족하거나, 외국에서 운항관리사 자격증을 취득하는 경우도 있습니다.

운항관리사와 관련된 과목은 국제항공법, 국내항공법, 항공우주학개론, 항공역학, 운항관리론, 항행안전시설, 공중항법, 항공무선통신, 항공기상학, 기상통보 및 일기도 해설, 운항관리실습 등이 있습니다.

현재 운항관리사 자격증명을 취득하기 위한 조건은 다음과 같습니다.

항공법에 운항관리사 응시자격이 명시되어 있는데 우선 나이가 만 21세 이상이어야 하며, 다음의 7가지 자격 중에서 하나를 충족해야 합니다.

1. 한국항공대학교 및 한서대학교는 운항관리사 전문교육기관으로 지정되어 있지 않습니다. 다만, 현재 국내에서 운항관리사 교과과정을 운영하고 있습니다. 운항관리사를 응시하기 위한 다음과 같은 과목을 이수해야 하며 운항관리실습(3개월 이상)을 이수해야 운항관리사 자격증명 취득을 위한 시험에 응시할 수 있습니다.

▶ 학과 이수 과목(성적증명서 대체 가능)
- 항공법규 : 국내항공법, 국제항공법
- 항공기 : 항공우주학개론, 항공역학, 운항관리론
- 항행안전시설 : 항행안전시설, 공중항법
- 항공교통 : 항공무선통신
- 항공기상 : 항공기상학, 기상통보 및 일기도 해설

2. 항공운송사업체에서 운항관리에 필요한 교육과정을 이수하고 응시일 현재 최근 6개월 이내에 90 근무일 이상 운항관리사의 지휘 감독하에 운항관리 실무를 보조한 경력이 있어야 합니다.
   이 응시자격은 항공사에 취업을 하신 후에 경력을 인정받을 수 있는 규정입니다.

3. 외국정부가 발행한 운항관리사의 자격증명을 소지하여야 합니다.
   외국자격증 사본 : 임시 자격증으로도 시험은 볼 수 있으나 유효성 확인 후 한국면허 발행 가능

4. 항공교통관제사 자격증명을 취득한 후 2년 이상의 관제실무 경력이 있어야 합니다.

5. 항공운송사업 또는 항공기사용사업에 사용되는 항공기를 2년 이상 조종한 경력이 있어야 합니다.

6. 항공운송사업 또는 항공기사용사업에 사용되는 항공기 운항에 관하여 2년 이상 기상업무를 수행한 경력이 있어야 합니다.

7. 항공교통관제사 또는 자가용 조종사 이상의 자격증명을 취득한 후 2년 이상 항공정보업무를 수행한 경력이 있어야 합니다.

교통안전공단(1577-0990)에서 운항관리사를 포함하여 항공종사자 자격증명을 주관하고 있습니다.

보수는 연봉은 대기업 수준(3,400~4,500만)이라 생각하면 됩니다. 운항관리사 자격증 수당이 추가되고, 근무환경은 비행환경과 주간근무조와 야간근무조로 나뉘어서 근무하는 부서가 많습니다. 운항관리사의 앞으로의 직업전망은 밝다고 할 수 있어요~

✈ 필요한 덕목

- 실수를 하면 안되는 항목이 많아 실수의 심각성을 이해하여야 한다.
- 앉아서 근무를 하기 때문에 운동부족이 걸리기 쉬워 평소 운동의 습관이 있어야 한다.
- 동일 업무의 반복에서 오는 정신적 스트레스 극복을 위한 방법
- 독립적 업무운영 탈피를 위한 대인 협조체제 구축
- 분석적 사고를 위한 연습과 훈련
- 조종사와 원만한 대인관계

✈ 채용회사

국내 모든 항공사, 인천공항공사, 김포공항공사, 제주공항공사 및 지방공항청, 국토교통부

✈ 채용절차

서류전형 ▸ 면접 ▸ 건강검진 ▸ 최종합격

항공기 로드마스터(Load master)

✈ 직업의 개요

고등학생 여러분도 로드마스터라는 직종 자체가 생소하시죠?

로드마스터의 업무에 대해 알아보니 쉽지는 않지만 매일 매일 만족감과 성취감을 느낄 수 있는 직종이죠 ^**^

로드는 '싣다, 탑재하다(Load)'라는 뜻이고, 마스터는 독일에서 흔히 쓰이지만 경력, 전문가라는 의미로 물건을 탑재하는 전문가(Master)라는 뜻으로 사용하고 있는 것 같아요. 해외에서는 마스터 호칭이 장인들에게 많이 쓰인다고 하더라고요. 직업 자체가 이런 단어를 쓰고 있다는 자체에서 많은 분들이 큰 사명감을 느끼고 있습니다.

일반적으로 항공사에서 '로드마스터'는 화물의 꽃이라는 이야기를 합니다~

수출 전선에서 화물을 신속하고 안전하게 운송하는 모든 부서들을 진두지휘하는 업무랄까요. 우리 학생들, 화물과 수하물 구분이 힘들지요?

수하물은 승객들이 여행을 가실 때 비행기에 짐을 부치는 것이고 화물은 상업적인 물품을 돈을 받고 항공기 화물칸으로 운송을 하는 거예요. 큰 맥락에서 봤을 때, 대부분 요즘 같은 경우 최신 휴대폰, 반도체 정도로 볼 수 있는데요. 수하물은 여객운송 부서에서 관리하고 로드마스터는 화물만 관리한다고 보시면 될 것 같아요~~

여객기의 경우에도 수하물을 싣는 공간을 제외하고 남은 공간에 화물을 넣을 수 있는데 그 공간을 얼마나 쓸 수 있는지 생각해서 작업을 하고요.

로드마스터는 화물 적재 작업을 시작하면서부터 항공기의 균형 (Weight and blalance) 그리고 연료(Fuel)는 어떻게 들어갈지, 얼마나 써야 될지 그런 것들을 모두 포함하는 복잡한 업무라고 생각하면 될 거 같아요.

업무를 시작하면 일단은 확인할 것들이 엄청 많아요~

예를 들어서 무게를 전용컴퓨터에 입력해서 비행기 균형을 맞춰야 하는데, 아무리 큰 비행기라도 화물이 뒤쪽에 치우치면 뒤쪽으로 무게가 실려 기울어지겠죠?

앞으로 많이 가면 앞으로 기울어지고 말 그대로 비행기 앞뒤 균형을 맞추면서 양 옆의 균형도 맞추는 걸 "WEIGHT AND

BALANCE"라고 하거든요^^

이 과정에서 맞춰진 무게를 잘못 입력하게 되면, 예를 들어 1톤을 컴퓨터에 입력을 했어야 됐는데 잘못해서 10톤을 입력하게 된다면, 항공기 운항에 치명적인 영향을 주니 항상 확인하고 또 확인하는 손에 땀이 고이는 작업을 해야 됩니다.

그래서 항상 로드마스터들은 값을 입력한 다음에 몇 차례나 확인하는 절차가 있어요. 항상 긴장이 되죠. 바로 이런 일을 하는 사람이 로드마스터입니다~

로드마스터의 임무는 외관상 단순해 보일 수도 있지만 자세히 보면 설명드리기 어려운 변수들이 많고 최첨단 컴퓨터 등 기계들이 일일이 그 변수를 다 대처하기는 힘들거든요.

따라서 먼 미래는 모르겠지만 가까운 미래에는 로드마스터 수작업을 대체할 수 없을 거 같아 전망도 비교적 좋답니다^^

또한 대부분의 항공사 일반직장 업무는 연속적인 데 반해, 로드마스터는 매일 매일 자신이 맡은 비행기를 하늘에 띄우면 그 날의 업무가 끝나게 돼요. 물론, 비행기 한 대만 띄우면 퇴근하는 건 아니고 시간 내에 몇 대의 비행기를 처리하기도 하지만, 어쨌든 한 대의 비행기가 이륙할 때마다 무언가 해냈다는 보람찬 느낌을 받을 수 있고, 균형이 잘 맞추어진 항공기가 무리 없이 날아갈 때 기분 좋은 마음으로 퇴근할 수 있는 것 같아요~

✈ 주로 하는 일

• 출근하자마자 화물 예약 리스트(booking list)를 확인
• 화물의 종류 및 탑재 계획 확인

- 화물, ULD 중량 및 사이즈 파악
- 화물 적재 파악 및 감독
- Weight and balance 서류 작성

ULD – 항공기에 화물을 탑재할 수 있도록 만든 알루미늄 사각형 컨테이너를 말해요~

✈ 자격 및 보수

- 항공사 입사 후 Weight and balance 자격증 취득
- 항공기 구조 학습 및 물류자격증 있으면 유리
- 현재까지 남녀 성비율은 9:1 정도
- 보수는 일반 대기업 회사원 급여(연봉 3,500~4,000만원)와 동일함

✈ 필요한 덕목

- 시간에 쫓기는 스트레스가 심함. 따라서 스트레스를 완화할 수 있는 방법과 민첩성
- 암기력이나 기억력
- 업무에 대한 열의
- 빠른 상황판단력과 대처능력, 결단력
- 모든 업무를 자기가 중심이 되어 꾸려나가기 때문에 동료와 친화력이 필요
- 빠른 소화능력(시간이 너무 없어서 음식을 빠르게 먹기 때문에 소화능력이 필요 ㅎㅎ)

✈ 채용회사

국내외 모든 항공사, 인천공항공사, 김포공항공사, 제주공항공사

✈ 채용절차

서류전형 ▸ 면접전형 ▸ 적성검사 ▸ 최종합격

인천공항공사는 공기업을 준비하시는 분들이라면 한 번쯤은 원서를 접수해봤을 정도로 인기가 높은 공기업입니다. 연봉수준과 세계적 수준의 서비스를 제공하는 명실상부 최고의 공기업이기 때문인데요!

한국공항공사는 김포 및 지방공항을 효율적으로 건설·관리·운영하고, 항공산업의 육성·지원에 관한 사업을 수행하도록 함으로써 항공수송을 원활하게 하고, 나아가 국가경제발전과 국민복지 증진에 이바지함을 목적으로 하고 있습니다^^

Chapter 06

인천국제공항공사
한국공항공사
알아보기

06 Chapter 인천국제공항공사 한국공항공사 알아보기

인천국제공항공사(IIAC)

✈ 직업의 개요

인천국제공항공사는 인천국제공항의 건설 및 운영과 관리를 담당하는 공기업이에요~

인천국제공항공사가 처음 세워진 것은 1999년이며, 인천국제공항공사가 세워지기 전까지 인천국제공항의 건설은 1994년 세워진 수도권신공항건설공단이 맡고 있었고 1999년 인천국제공항공사법이 제정되면서 공항 건설을 비롯해 준공 이후의 운영과 관리까지 책임질 공기업으로 인천국제공항공사가 세워졌답니다.

자본금은 정부가 투자한 국고 출연금 1조 6,768억원을 모두 자본금으로 전환해 마련했어요^^

주력 사업은 인천국제공항을 운영하고 관리하는 일이며 공항의 보안을 유지하는 일과 공항 사업을 발주하고 계약하는 일, 상업시

설을 운영할 업자를 선정하는 일, 사무실과 업무용 시설을 임대해
주고 관리하는 일 등을 진행하고 있습니다. 또한 공항 주변 지역을
개발하고 신규 부대사업을 위한 인프라를 개발하는 일도 병행하며
조직은 사장과 부사장 등 임원진을 비롯해 경영지원실, 안전보안
실, 인재경영실, 기획조정실, 홍보실 등 5개 실과 영업본부, 시설본
부, 운항본부 등 3개 본부로 구성돼 있어요~

해외사업단과 사업개발단, 공항건설단이 별도로 운영되고 있으며
인천공항공사는 공기업을 준비하시는 분들이라면 한 번쯤은 원서를
접수해봤을 정도로 인기가 높은 공기업입니다. 연봉수준과 세계적
수준의 서비스를 제공하는 명실상부 최고의 공기업이기 때문인데요!

직원의 구성은 사무직과 기술직으로 구분됩니다.

참고로 인천국제공항공사는 영종도 인천공항에 위치하고 있어요~

✈ 주로 하는 일

- 공항건설 분야
- 토목, 건축, 전기, 전자, 통신 등 전 기술영역을 망라하는 복합공정

- 부지조성, 설계, 공사, 감리 등 시공과정 감독
- 주변지역 개발 및 부대사업 관련 인프라 구축
- 공항운영 분야
- 여객 및 화물수송 수요의 처리, 공항 시설물 유지관리, 공항 이용자에 대한 각종 부대서비스 제공 및 그에 따른 영업활동

✈ 지원자격 및 보수

모집부문은 사무와 기술로 나뉘며, 사무의 경우 경영 및 행정, 중국어, 일본어, 법무 부문을, 기술의 경우 기계, 전기, 전산, 조경, 통신전자, 관제 부문을 채용합니다. 모집부문에 따라 장애인을 위한 전형이 따로 마련되어 있어요~
- 공통 지원자격: 학력, 연령, 성별, 경력에 관계없이 지원이 가능
- 남자의 경우 병역을 마친 자 또는 면제된 자
- 최종합격 발표 이후 즉시 근무가 가능한 자

- 공사 인사규정에 따른 임용 결격사유에 해당하지 않는 자
- 공인 어학성적이 토익(TOEIC)을 기준으로 880점(장애인 650점) 이상, JPT 800점(장애인 650점) 이상, 신HSK 5급 210점(장애인 4급 255점) 이상 인 자
- 신입직원 평균연봉이 4,000만원

NCS(국가직무능력표준)는 고등학교에서 배우지 않았죠? 검색사이트에서 한 번 검색해 보시기 바래요~
모든 공기업에 입사하려면 NCS(국가직무능력표준)가 꼭 필요합니다~ 기억하세요^^

✈ 필요한 덕목

- 도전(비상을 위해 드넓은 활주로를 힘차게 달리는 도전의식을 가진 사람)
- 혁신(하늘 저 너머의 새로운 세상에 대한 무한한 호기심과 꿈을 가진 사람)
- 존중(1등 공기업의 사명을 갖고 회사와 고객을 존중할 수 있는 사람)
- 긍정적인 마음가짐과 전문성
- 새로운 가치를 창조하며 꿈을 실현하는 사람
- 타협하지 않는 윤리성
- 더불어 쌓아가는 신뢰성

✈ 채용회사

인천국제공항공사(인천공항 내 위치)

✈ 채용절차(NCS에 기반한 능력중심 채용)

서류전형 → 필기전형(전공/NCS 직업기초능력평가, 인성검사) → 1차면접(상황면접, 인성/토론면접, 영어면접) → 2차면접(경영진 면접) → 신원조회 및 신체검사 → 최종합격

한국공항공사(KAC)

✈ 직업의 개요

한국공항공사는 김포, 김해, 제주, 대구, 광주, 청주, 양양, 무안, 울산, 여수, 사천, 포항, 군산, 원주까지 14개의 지방공항을 통합 관리하는 공기업으로 각 공항을 효율적으로 건설·관리·운영, 항공산업의 육성·지원으로 항공수송을 원활하게 하고 국가경제의 발전과 국민 복지의 증진에 기여하기 위해서 설립한 멋진 공기업이에요~

따라서 한국공항공사는 김포 및 지방공항을 효율적으로 건설·관리·운영하고, 항공산업의 육성·지원에 관한 사업을 수행하도록 함으로써 항공수송을 원활하게 하고, 나아가 국가경제발전과 국민복지 증진에 이바지함을 목적으로 하고 있습니다^^

설립기초를 알아보면 1979년 12월 28일 제정·공포된 국제공항 관리공단법(법률 3219)에 의거, 1980년 5월 30일 국제공항관리공단으로 설립되었고 1990년 4월 7일 한국공항관리공단, 1992년 1월 31일 한국공항공단으로 명칭이 변경되었으며, 2002년 3월 2일 지금의 이름으로 변경되었습니다. 조직은 4본부 1사업본부 9실 38팀, 16지사 8단(실) 57팀으로 구성되어 있고, 인원은 2017년 기준 약 2,000명 정도이고요, 한국공항공사가 시행하는 사업은 아래의 '주로 하는 일'에 설명합니다

또한 한국공항공사는 공항 운영을 통해 발생하는 수익으로 항공기 안전운항 확보와 공항 서비스 향상을 위해 재투자하고 있으며 북경수도공항그룹 및 일본공항빌딩주식회사, 키타큐슈에어터미널주식회사 및 후쿠오카빌딩주식회사와 자매결연을 하고 있어요~

관리하는 기구로는 국제민간항공기구, 국내공항으로는 김포국제공항, 광주공항, 대구국제공항, 청주국제공항, 울산공항, 포항공항, 원주공항, 사천공항, 군산공항, 목포공항, 속초공항, 여수공항, 예천공항이 있습니다.

참고로 한국공항공사는 여러 학생들이 쉽게 찾을 수 있는 서울 강서구 김포공항 내에 위치하고 있어요~

✈ 주로 하는 일

- 국내공항 및 공항시설의 관리·운영
- 국내공항 관리·운영에 필요한 주변 지역 개발 사업
- 국내공항 개발사업 중 항공기, 여객·화물처

리시설 및 공항 운영에 필요한 시설 등의 신설 · 증설 · 개량,
- 항공종사자 양성을 위한 교육훈련 및 훈련시설의 설치 · 운영
- 국내공항과 공항시설의 관리 · 운영 등에 관한 조사 · 연구 및 기술 개발
- 연구 및 기술 개발 사업으로 개발된 장비의 제작 · 판매 및 수출
- 공항시설 관련 종사자에 대한 교육훈련 사업
- 소음 대책 지역의 공항 소음 대책 사업 및 주민 지원 사업
- 공항 건설 및 관리 · 운영과 관련하여 국가 또는 지방자치단체가 위탁하는 사업
- 이상 사업들의 국외 시행 및 국내 · 외 시행사업과 그 관련 사업에 대한 투자

✈ 지원자격 및 보수

- 학력 및 연령, 성별, 전공 제한 없음
- 남자의 경우 병역필

• 영어토익 750점, 일본어 JLPT 750점, HSK 180점 중 1개 취득자
• 우대자
  - 지원분야별 지정 자격증 소지자
  - 토익, 일본어, 중국어 말하기 성적 소지자
  - 비수도권 인재
  - 기초생활 수급자
  - 우리공사 청년인턴 근무자
  - 보훈대상자
  - 장애인
• 신입직원 평균보수 연봉 3,800만원~

✈ 필요한 덕목

• 공항이용 고객 우선으로 하는 적극적인 서비스 마인드
• 경영 및 사업혁신과 첨단 신기술 도입으로 미래를 선도적으로
  변화시켜 나갈 수 있는 인재
• 공항운영 전문성을 갖춘 인재
• 공항운영에 필요한 외국어 실력을 갖춘 인재
• 도전과 혁신정신으로 무장된 인재

🛫 채용회사

한국공항공사(김포공항 내 위치)

🛫 채용절차

• 가산점수 : 취업보호대상자/장애인/변호사, 공인회계사, 감정평
　　　　　　가사, 기술사, 건축사, 세무사, 공인노무사, 법무사

서류전형	필기시험 인성 및 직업기초능력평가	NCS 기반 면접 (1, 2차)	신원조회 및 신체검사	최종합격

　　한국공항공사는 지난 해부터 능력중심채용(이하 NCS)제도를 도입해 채용을 하고 있다. 채용 과정은 서류전형, 필기시험, 면접시험, 인턴근무, 전환평가 등 크게 다섯 단계로 이루어진다. 기존의 채용 방식과 별로 다를 바 없어 보이지만 서류전형에서 평범한 직무경력 및 경험 기술서를 별도로 작성해 내고 소위 스펙 반영은 최소화하는 것이 특징이다. 필기 시험에서도 기존 직업적성검사를 직무에 필요한 기초능력을 평가하는 NCS 직업 기초능력평가로 대체했으며, 면접에서도 실제 직무상황을 제시하는 등 실제 직무능력을 중심으로 평가를 하고 있다. 능력을 최우선 순위로 두다 보니 연령, 학력 및 전공 제한도 없다. 학점 또한 일절 반영하지 않도록 아예 서류상 기입하지 않도록 만들었다. 공항이라는 특성상 공인 외국어 성적이 필요하다.

늘어난 수요만큼 직원 확충을 계속적으로 하고 있는 상황인지라 항공 여객서비스 사무원(항공사 지상직)에 대한 업무의 이해도가 어느 때보다 중요한 시점 이라고 생각해요^^ 또한 항공사 지상직은 직무특성상 내국인은 물론 여러 국가의 외국인을 접하는 업무이기에 최소한의 외국어능력과 국제적인 서비스 마인드 등 바른 인성을 갖춰야 합니다.

Chapter **07**

항공사 지상직
(항공 여객서비스 사무원)
알아보기

07
Chapter

항공사 지상직
(항공 여객서비스 사무원)
알아보기

항공 여객서비스 사무원은 항공 지상직의 대표 직군이에요~
요즘 국내항공 이용객이 1억명을 초과할 정도로 폭발적으로 증
가하면서 항공업이 성장하고 있고 호황세가 대단하죠?

늘어난 수요만큼 직원 확충을 계속적으로
하고 있는 상황인지라 항공 여객서비스
사무원(항공사 지상직)에 대한 업무의 이
해도가 어느 때보다 중요한 시점
이라고 생각해요^^ 또한 항공사
지상직은 직무특성상 내국인은
물론 여러 국가의 외국인을 접
하는 업무이기에 최소한의 외
국어능력과 국제적인 서비스
마인드 등 바른 인성을 갖춰야
합니다. 항공사 지상직하면 항공
여객서비스 사무원을 지칭할 정도
로 많은 사무원 인원이 공항에 상주하
며 항공사를 이용하시는 고객에게 서비스
의 접점에 서서 좋은 서비스를 제공하고 있습
니다. 앞장의 항공사 일반직에서 언급한 바와 같이 항공
여객서비스 사무원 역시 항공사 유니폼과 항공사의 데스크에서
근무하지만 소속은 해당 항공사가 아니며 협력업체의 정규직 직
원입니다.

    수요가 많은 만큼 지원자도 많아 수시로 채용공고를 접할 수 있으며 대표적인 항공서비스 사무원의 협력업체로는 유니에스, 케이에이, 동보항공, 샤프에비에이션케이, 에어코리아, 건은, 조은시스템, MPC 등이 있습니다.

    연봉은 2,000만~2,800만원 정도로 남부럽지 않은 급여를 받을 수 있고 협력회사의 정규직으로 입사하기 때문에 고용 불안 없이 편안하게 업무에 임할 수 있습니다.

    고등학교 학생들이 혼돈스러워 하는 단어, 즉 "항공사 지상직"이란 김포국제공항, 인천국제공항, 제주국제공항 등 국제공항 내에서나 예약센터에 근무하면서 승객들의 예약, 발권 및 특수고객 서비스, 보안검색 등을 담당하는 직원을 말해요~

    협력업체는 항공회사마다 계약이 상이하여 연봉과 복지수준의 차이가 있지만 어떤 업무를 하느냐에 따라 달라진다고 생각하시면 돼요.

항공 여객서비스 사무원 모집

① 모집부문

모집부문	인원	담당업무	자격요건
항공 여객 서비스 (운송) 사무원	00명	**국제공항 출입국 출도착업무** • 출국 탑승업무 • 입국 도착승객 안내업무 • 환승승객 안내업무 • 관공서 신고업무 (EDI) • 도착 안내업무 • 분실수하물 접수업무 **인천국제공항 여객서비스업부** **(외항사 탑승수속)** 　• 외국 항공사 탑승수속(카운터)업무 　• 외국 항공사 출국 탑승/입국 도착 　• 환승승객 안내업무	• 학력 : 대학졸업(2, 　3년) 이상 　지원 가능 • 경력 : 무관 • 채용형태 : 수습 3 　개월후 정규직 전환

② 근무 조건

• 근무부서 : 인천국제공항, 김포국제공항
• 근무위치 : 지점(센터) 근무
• 근무요일 : 주5일(휴무는 근무스케줄에 의함)

③ 복리 후생

• 연금보험 : 국민연금(4대보험), 고용보험(4대보험), 산재보험(4대보험), 건강보험(4대보험)
• 급여제도 : 정기보너스, 퇴직금
• 수당제도 : 야근수당
• 명절/기념일 : 명절선물, 생일선물/파티
• 출산/육아 : 산전 후 휴가, 육아휴직
• 의복관련 : 유니폼지급
• 식사관련 : 식비/식권지급
• 휴일/휴가 ; 연차, 노동절휴무
• 회사행사 : 우수사원시상식, 야유회

4 전형 절차

서류전형 ▸ 면접전형 ▸ 최종합격

- 서류전형 합격자에 한해 면접일 개별통보
- 면접 시 시간엄수 (10분 도착 대기)

5 제출 서류

- 이력서, 자기소개서
- 이력서에 연락처 필히 기재
- 이력서에 응시분야/근무부서 필히 기재
- 이력서에 희망연봉 기재
- 이력서에 사진 필히 첨부 (반명함판)
- 제출한 서류는 반환되지 않음
- 각종 증빙서류는 서류전형 합격 후 제출

현재 우리나라 공항 지상직의 97% 이상의 인력이 협력업체 소속
이기 때문에 공항근무를 꿈꾸신다면 협력업체에 대한 정보를 알고
있어야 합니다.

채용은 수시로 있는 편이고 급여나 복지혜택이 항공사와 약간
상이하지만 쾌적한 근무환경, 안전한 작업장, 대한민국 국제/국내
공항에서 근무하는 자부심으로 성취감이 매우 큰 직업이죠?

항공사 지상직의 종류는 예약, 체크인 카운터, 탑승게이트, 수하
물, 보안검색요원, 항공사라운지, 항공기유도원, 항공급유, 항공기
용품 탑재, 기내클리닝 등으로 구분되어 있으며 나름대로 멋진 제
복과 적절한 급여를 받을 수 있어 도전해 볼 만한 직장으로 생각 됩
니다.

자 이제 항공 지상직에 대해 차근차근 알아보도록 해요~

체크인 카운터(CHECK IN -COUNTER) 담당

✈ 직업의 개요

　체크인 카운터란 비행기 탑승을 위해 구입한 항공권을 여권과 함께 체크인 카운터 직원에게 주고 탑승권(Boarding pass)을 받는 곳으로 여행 목적지까지 수하물 수속 및 필요한 부대 서비스를 제공하며 또한 여행 목적지로 수하물을 부치고, 항공여행에 필요한 부대 서비스를 요청할 수 있는 장소예요~

　어느 항공사나 마찬가지로 공항 체크인 카운터는 남성보다 여성이 비교적 많이 근무하고 있으며, 각 항공사에 항공기 예약을 마친 승객이 원하는 시간에 항공기 탑승용 티켓을 발권하는 업무를 주로 하고 각 항공사들은 공항 및 시내 지점에 이와 관련된 카운터를 운영하고 있습니다.

　대부분 항공사에서 필요로 하는 교육수준은 2년제 대학 졸업 이상(전문학교 포함)이며 그 밖에 대한항공의 토파스(Topas) 발권 교육이나 아시아나항공이 사용하는 아바쿠스(Abacus) 발권 교육을 이수한 사람에게는 채용 시 가산점을 주는 항공사도 있어요^^

카운터 근무는 교대근무를 원칙으로 하고 있으며 인천공항의 경우 새벽 6시30분에 카운터를 개장하고 마지막 비행기가 출발 후 폐장하기 때문에 비행기 출/도착 시간에 맞추어 정확히 출근해야하는 업무입니다. (오전근무: 06:30~14:00, 오후근무: 14:00~21:00)

✈ 주로 하는 일

- 항공티켓의 발권
- 승객의 항공여행 일정에 대한 항공요금 산출
- 마일리지 프로그램(Mileage Program)에 의한 무료항공권(Free Ticket)
  발권
- 환불(Refund), PTA(Prepaid Ticket Advice)서비스
- 항공사 직원 무료 직원항공권 발급 및 항공사 승무원 가방
  CHK IN
- 승객이 원하는 목적지에 대한 정보제공 등
- 티켓(Ticket) 확인 후 탑승권(Boarding Pass) 발행
- 승객의 여권(Passport) 확인
- 여행목적지 국가의 비자(Visa) 확인
- 승객의 수하물 체크
- 장애인, 거동불편 승객, 노약자 등 특별서비스 승객 지원 등
- 탑승객의 수하물 체크인

✈ 자격 및 보수

- 2년제 대학(전문학교 포함) 이상 졸업
- CRS(Computer Reservation System), 예약발권프로그램, DCS(Departure Control System) 자격증 소지자 우대
- 영어 토익점수(원하지 않는 곳도 있으나 대부분 원함)
- 초임연봉 2,100~2,500만원(경력 따라 차이남)

✈ 필요한 덕목

- 성실한 근무태도
- 적절한 서비스 마인드
- 타인을 위한 배려감
- 정확한 근무시간
- 장기간 근무할 수 있는 지구력

✈ 채용회사

유니에스, 동보항공, 샤프에비에이션케이, KA, AIR KOREA, 스위스포트 코리아, 외국항공사

✈ 채용절차

회사의 정해진 이력서 양식작성 ▸ 구두면접 ▸ 합격자발표 ▸ 직무훈련 ▸ 최종합격

탑승게이트 업무담당(DEPARTURE GATE 업무)

✈ 직업의 개요

    탑승게이트는 항공사 지상직원들이 해당편 승객의 탑승권(Boarding Pass) 확인 절차를 거쳐 원활한 기내탑승을 위한 안내서비스를 제공하는 항공기와 연결되어 있는 장소이죠~

    탑승게이트는 2~3명의 남자직원 및 여자직원으로 구성되어 있고 항공사에서 필요로 하는 교육수준은 모든 항공사 지상직과 마찬가지로 2년제 대학 졸업 이상이며, 장시간 서서 근무해야 하고 항공기 지연 및 여러 가지 업무를 짧은 시간 내 처리하기 때문에 정확한 판단력과 체력이 요구돼요^^ 일반적으로 항공기 출발시간대에 해당인에게 할당된 게이트에서 업무를 처리하며 업무를 수행하는 동안에는 많은 승객이 일시에 몰려 매우 바쁘답니다.

✈ 주로 하는 일

- 탑승안내/지연/출발방송 실시
- 특별서비스 승객들을 위한 탑승서비스(Boarding Service) 제공(휠체어 승객)
- 탑승권(Boarding Pass) 확인(기계로 실시하는 경우도 있음)
- 항공기가 정시(On-time)에 출발할 수 있도록 관계기관 및 기내 승무원들과의 업무 협조
- 탑승 시 중복좌석 재배정
- 항공기 지연 시 음료수, 식권 및 식사제공에 관한 업무
- 항공기 출발 전 과대 휴대수하물 제지
- 승무원과 밀접한 업무유지
- 스페셜 케어(Special care) 손님을 위한 서비스 제공
- 항공기 출발을 위해 국가 관계기관과의 업무협조
- 비행서류 전달(승무원용 서류 및 승객용 입국서류)
- 도착한 항공기 DOOR OPEN 후 서류 및 도착안내

✈ 자격 및 보수

- 2년제 대학(전문학교 포함) 이상 졸업
- 영어 토익점수(원하지 않는 곳도 있으나 대부분 원함)
- 초임연봉 2,150~2,500 만원(경력 따라 차이남)

✈ 필요한 덕목

- 성실한 근무태도
- 적절한 서비스 마인드
- 정확한 업무처리
- 자신있는 표정과 행동
- 고객 지향적 태도

✈ 채용회사

유니에스, 동보항공, 샤프에비에이션케이, KA, AIR KOREA, 스위스포트 코리아, 외국항공사

✈ 채용절차

회사의 정해진 이력서 양식 작성 → 서류발표/구두면접 → 합격자발표 → 직무훈련 → 최종합격

수하물(CHECKED BAGGAGE COUNTER) 담당

✈ 직업의 개요

수하물 업무부서는 승객 및 승무원 수하물(Checked baggage)의 연착, 분실, 도난, 파손 등의 문제 발생 시 승객과 항공사 승무원 입장에서 적절하고, 신속한 연결 및 신고/보상서비스를 제공하는 부서이며 수하물 카운터는 모든 항공사가 동일하게 일반적으로 도착한 승객이 입국심사를 마친 후 출발지 공항에서 부친 짐을 찾는 장소 근처에 위치해 있어요~

항공사에서 필요로 하는 교육수준은 2년제 대학 졸업 이상이며 부서 특성상 짐 부친 승객이 자기짐에 대한 분실, 파손, 도난 등의 문제가 일어난 경우 흥분한 승객들을 응대하여야 하는 경우가 상당히 많으므로 고객의 서비스 만족과 동시에 항공사의 손실을 최소화하는 것을 중점으로 두는 업무를 주로 하기 때문에 개인별 적절한 서비스 마인드가 필요한 업무입니다.

✈ 주로 하는 일

- 수하물의 연착 시 필요한 서비스 제공
- 수하물의 파손 및 분실 시 필요한 서비스 제공
- 수하물 보상에 관한 업무
- 항공기 피해보상에 관한 업무
- 입국장(Immigration and Customs)에서 필요한 운송서비스 제공
- 승객들의 원활한 세관통관을 위한 세관(Custom)직원들과의 업무 협조
- 연결편 항공기 승객 짐 연결

✈ 자격 및 보수

- 2년제 대학(전문학교 포함) 이상 졸업
- 영어 토익점수(원하지 않는 곳도 있으나 대부분 원함)
- 초임연봉 2,100~2,600만원(경력 따라 차이남)

✈ 필요한 덕목

- 성실한 근무태도
- 적절한 서비스 마인드
- 승객을 이해하는 이해심
- 항공사와 승객 간을 조율할 수 있는 평정심
- 고객을 이해하는 배려심

✈ 채용회사

유니에스, 동보항공, 샤프에비에이션케이, KA, AIR KOREA, 스위스포트 코리아, 외국항공사

✈ 채용절차

회사의 정해진 이력서 양식 작성 → 구두면접 → 합격자발표 → 직무훈련 → 최종합격

항공사 라운지(Airline lounge) 담당

✈ 직업의 개요

항공사는 1등석(First Class) 및 2등석(Business Class)승객, 그리고 마일리지 적립이 많은 승객을 위하여 출국장에 인터넷, 샤워시설, 간단한 식사, 음료수 등 편의서비스시설이 완비된 항공사라운지를 자체적으로 운영하고 있어요~

항공사 라운지는 서비스 특성상 모든 직원들이 여성으로 구성되어 있으며 항공사에서 필요로 하는 교육수준은 2년제 대학 졸업 이상이고, 주요 승객들에 대한 서비스를 제공해야 하기 때문에 항공사에서는 직원 선발 시 많은 사항들을 체크하고 있습니다. 항공사 라운지는 인천/김포 국제공항에 도착한 항공기에서 환승하는 승객도 서비스를 제공하기 때문에 새벽 5시30분부터 업무를 시작하는 경우가 많습니다. 따라서 익일 새벽 조조 비행에 배정된 항공사 라운지 담당직원들은 비행기 도착시간을 맞추어야 하기 때문에 공항 환승호텔에서 무료숙박을 하는 경우도 많죠~^^

✈ 주로 하는 일

- 항공사 라운지 안의 편의서비스시설 관리
- 음료, 음식, 스낵 등의 준비
- 출발시간 확인 후 승객에게 탑승 고지
- 일등석/비즈니스 클래스 고객의 용무 지원
- 기타 라운지를 이용하는 승객의 편의제공

✈ 자격 및 보수

- 2년제 대학(전문학교 포함) 이상 졸업
- 영어 토익점수(원하지 않는 곳도 있으나 대부분 원함)
- 초임연봉 2200~2800만(경력 따라 차이남)

✈ 필요한 덕목

- 서비스 교육과 서비스 마인드입니다.
  서비스 교육과 서비스 마인드는 대학, 전문대학, 전문학교에서 업무에 충실할 수 있을 만큼 지도해 주십니다.
- 어학실력이 필요합니다~!
  국내외 항공사 라운지에서 일을 하게 된다면, 한국국적의 승객뿐만 아니라, 무척 다양한 국적의 승객들을 접하게 됩니다. 그렇기 때문에 영어는 필수~!!!
- 용모 단정한 이미지와 부드러운 목소리가 있으면 좋죠~!!

항공/관광분야 진로·직업 알아보기

서로 다른 문화에서 살아온 사람들이지만 단정하고 깨끗한 이미지와 부드럽고 상냥한 목소리에 호감도가 올라가는 것은 다들 똑같겠죠?

• 마지막으로 업무의 정확도입니다.

항공사 라운지는 새벽에도 출발/도착하는 비행기가 있으면 개방해야 합니다. 따라서 배정된 정확한 시간에 시작할 수 있고 마감할 수 있는 업무의 정확도가 매우 필요합니다.

✈ 채용회사

유니에스, 동보항공, 샤프에비에이션케이, KA, AIR KOREA, 스위스포트 코리아, 외국항공사

✈ 채용절차

회사의 정해진 이력서 양식 작성 → 서류발표/ 구두면접 → 합격자발표 → 직무훈련 → 최종합격

예약(Reservation) 담당

✈ 직업의 개요

지상직 항공예약 부문의 업무는 항공사를 이용하는 고객이 항공사에 전화 걸어 자신의 일정을 소개하고 일정에 맞는 비행편을 확보하는 것을 처리하는 업무를 말합니다. 즉, 인천공항에서 뉴욕을 간다고 하면 먼저 항공사에 전화를 걸어 자신의 일정을 말하고 비행기 표를 미리 예약해 놓겠죠? 이렇게 항공사에서 예약을 받아 기록해 놓고 승객에게 비행기를 안전하고 편리하게 이용하게끔 만들어 주는 항공사의 핵심부서라 할 수 있어요~

또 한 가지... 항공 예약부서의 가장 중요한 업무 중의 하나는 승객의 항공여행 일정을 예약 및 환불 처리하는 것입니다. 서울에서 뉴욕을 가기로 했는데 갑자기 집안에 일이 생기거나 몸이 아파 여행을 취소할 때 환불절차를 진행하게 되는데요. 이러한 환불절차도 예약부서에서 하고 있습니다. 대한항공의 경우 개화산역 건너편에 예약센터가 있어서 그곳에서 모든 예약, 환불 처리를 한답니다. 대한항공의 국제선 예약센터 운영주체는 대한항공이나 실제로 운영하는 회사는 MPC라는 유명한 협력회사이죠.

일반적으로 모든 항공사 예약부문 협력회사가 급여, 복지에 대해 서로만의 강점을 가지고 있습니다. 특히 아래의 사진을 보면 대한항공 예약센터 예약부문의 협력회사 MPC의 자격, 급여에 관해 자세히 나와 있으니 참조하도록 해요~

✈ 주로 하는 일

- 항공일정 예약/안내
- 목적지의 기후, 시차 , 시간, 비행시간 등 항공정보 제공
- 스페셜 케어(기내식, 휠체어, 아기동반 등) 서비스 예약
- 예약한 승객의 항공일정의 변경/취소
- 예약관련, 환불관련 불만손님 응대

✈ 자격 및 보수

- 2년제 대학(전문학교 포함) 이상 졸업
- 영어 토익 점수(원하지 않는 곳도 있으나 대부분 원함)
- 초임연봉 2,500~2,800만원(경력 따라 차이남)

✈ 필요한 덕목

- 성실한 근무태도
- 정확한 업무처리
- 적절한 서비스 마인드
- 실수하지 않는 정확한 업무처리
- 외국어 대화능력
- 상대에게 호감 주는 목소리
- 친절이 묻어나는 마음가짐

✈ 채용회사

MPC, 외국항공사 예약대행회사, 유니에스, 동보항공, 샤프에비에이션케이, KA, AIR KOREA

✈ 채용절차

회사의 정해진 이력서 양식 작성 ▶ 서류발표/외국어, 한국어 구두면접 ▶ 합격자발표 ▶ 직무훈련 ▶ 최종합격

세계를 향하는 **대한항공**과 함께할 **예약센터 사원**을 모집합니다.

1 업무 내용

• 대한항공 국제선 예약관련 전화 상담

2 근무 조건

• 소속 : ㈜MPC 파견직(파견 계약 후 정규직 전환)
• 급여 : 교육기간 3개월 월 100만원(세전), 교육종료 후 월 178만원(세전)
• 근무시간 : 교육기간 3개월 월 09:00 ~ 18:00
　　　　　　교육종료 후 스케줄 근무(주말 근무 시 대휴 부여)
• 근무지역 : 대한항공 B/D 내 대한항공 예약센터(지하철 5호선 개화산역 2번 출구)

3 자격 요건

• 전문대졸 이상
• 서비스 마인드 소유자
• 적극적이며 대인관계 원만한 자
• 신용상 문제 없는 자
• 최근 2년 이내 TOEIC 550점 이상인 자(유효기간 2년 이내)
• CRS 발권 자격증 소지자 우대
• 고객상담 경험자, 항공사 관련 업무 경험자 우대

4 복리 후생

• 4대보험, 퇴직연금제　　　　• 경조 휴가 및 경조사비
• 연차 휴가 사용　　　　　　• 건강검진 실시
• 명절, 생일선물 지급　　　　• 구내식당 운영
• 회사콘도 이용　　　　　　• 우수사원 해외연수

5 접수 방법

• 홈페이지 : www.mpcjob.co.kr　　이메일 : misung@mpc.co.kr　접수 가능
• MPC 입사지원서 양식으로 지원서 작성 후 첨부(사진첨부 및 자기소개서 기재)
• 토익 성적증명서 스캔본 첨부(토익점수 및 취득일자 기재 요망)

공항보안검색요원(Airport security staff)

✈ 직업의 개요

체크인 카운터에서 짐을 부친 항공기 승객들은 검사를 안하는 줄 알지만 짐을 부친 즉시 승객이 안보이는 장소에서 대형 X-RAY를 통과하게 됩니다. 이러한 검색을 하게 되는 장소를 말하죠.

보안검색요원이란 예약한 승객이 공항에 도착해서 발권하고 짐 부친 후 비행기에 탑승하기 위해 출국절차를 거치게 되는데 이중 제일 먼저 소지품 및 신체검사를 하게 됩니다. 이곳에서 근무하는 공항 지상직을 말합니다. 따라서 승객이 검색대에 도착하면 승객의 짐을 X-Ray 검사대로 검사하고 승객의 몸을 금속탐지기로 수색하여 총기, 마약, 금괴 등 법으로 허용하지 않는 물품을 소지하고 있는지 여부를 탐색하는 직군을 말해요~

또한 체크인 카운터에서 부친 짐에 폭발물, 총기 등이 있지 않는지를 검사하는 부서에도 근무합니다. 보안검색요원들은 항공기와 승객의 안전을 최일선 현장에서 책임지고 있어 '공항의 안전책임자'라 불리기도 하며 이들은 경찰관 같은 공무원 신분은 아니지만 별도의 준 경찰관 제복을 입고 근무해요~ 따라서 항공보안법에 의해 모든 승객은 항공기 탑승 전 보안검색을 받아야 하며 항공사 직원이라 할지라도 공항 보안구역(Air Side)을 출입할 때는 누구든 보안 검색요원들의 검색에 응해야 하겠죠?

하여튼 국가의 국제공항의 보안을 책임지는 일이니 자부심도 대단해요^^ 2017년 문재인 대통령이 공약에 따라 취임 후 제일먼저 인천공항을 방문하여 인천국제공항 비정규직을 정규직으로 옮길 것을 지시하였어요^^ 그 결과 인천국제공항 공항보안검색요원들이 인천국제공항공사 정규직으로 옮기게 될 것 같습니다. 그렇게 되면 다음 차례는 김포국제공항 공항보안검색요원이 되겠죠? 참고하세요~

✈ 주로 하는 일

- 출국 손님의 신체/휴대수하물 검색
- 카운터에서 부친 위탁수하물에 대한 X-RAY 판독
- 공항 상주근무자에 대한 출입통제 및 검색
- 국가 기반시설 경호
- 항공기 테러방지를 위한 공항순회 검색
- 발효된 국가보안등급에 따라 보안검색

✈ 자격 및 보수

- 공항보안검색요원은 항공보안법과 경비업법에 규정되어 있는 엄격한 자격기준과 교육훈련을 받아야 합니다. 즉, 보안업

체에서 실시하는 서류 및 대면 면접에 통과하게 되면 개인이 자격을 취득하거나 교육을 받는 것이 아니라 공항운영자인 한국공항공사나 인천국제공항공사에서 국토교통부로부터 보안검색위탁업체로 지정받은 협력업체의 채용공고에 응시해야 합니다. 즉, 공항보안회사의 적격자로 인정받아 합격하면 경비업법에 의한 특수경비원 신임 교육을 약 2주간(88시간) 수료하고 항공보안법에 의한 보안검색 운영자 초기교육 1주(40시간), 보안검색 현장직무교육 2주(76시간)를 마치고 최종적으로 보안검색요원 인증평가(4시간)를 받아야 임용될 수 있는 겁니다. 공항 외곽의 경계를 담당하는 경비원들은 특수경비원 자격만 있어도 가능하지만, 보안검색요원들은 특수경비원과 보안검색 자격 등의 교육을 전부 이수해야 하며 모든 교육과정은 평가를 통과해야 하고, 특히 인증평가는 자격 취득 후 매년 정기교육(80시간)을 이수하고 테스트에 합격해야 자격이 유지되고 보안검색요원으로 계속 근무할 수 있어요~

이는 까다로운 교육과정을 거쳐야 항공 테러를 예방하는 데 필요한 전문성을 확보할 수 있고 승객의 안전을 담보할 수 있기 때문이라고 합니다.

보안검색요원은 정기적으로 취업포털사이트와 해당 업체 홈페이지를 통해 공개모집하고 있으며, 항공서비스 및 항공경영을 전공으로 선택한 학생들을 주로 모집합니다.

• 인천공항의 보안검색요원들의 초봉은 연 2,500~2,900만원 정도입니다. (경력 따라 차이남)
• 업무와 관련된 경비지도사와 보안 및 안전 자격증 취득자, 어학 자격증 소지자는 월 5만원의 자격수당을 받으며 평가 등에

따른 성과금과 정밀 건강검진, 보육지원, 해외연수 및 각종 포
상 혜택 등 다양한 복지혜택도 있어요~

✈ 필요한 덕목

- 전문성과 투철한 사명감
- 전문적인 업무지식
- 또한 각계각층의 국민과 다양한 외국인을 상대하면서 국가의 관문을 담당하는 만큼 친절하고 정감이 넘치는 고품격의 서비스 마인드
- 고객에 대한 서비스 정신
- 조직원들 간의 상호 신뢰와 조화

✈ 채용회사

국내공항 보안요원 선발회사 : 건은, 조은시스템, 시큐어넷, 유니에스, 에스디케이

✈ 채용절차

회사의 정해진 이력서 양식 작성 → 서류발표/구두면접(인천공항) → 합격자 발표 → 보안교육 및 훈련(4주, 인천공항 및 각 보안협회 교육장) → OJT 실시 → 최종합격

인천공항 보안검색요원
신입사원 채용공고-(주) 건은

1 모집 요강

인천공항 출국장, 환승장 승객보안검색요원 남, 여 00명

1. 보안검색 업무에 긍지와 자부심이 있는 자
   - 국가를 대표한다는 긍지를 가지고 참신하며 예절 있는 자세의 소유자
   - 친절한 마음가짐과 봉사하는 근무자세를 견지한 자
2. 경비업법상 특수경비원 결격사유가 없는 자
   - 신체조건 : 팔과 다리가 완전한 자 / 맨눈시력 0.2 이상 또는 교정시력 0.8 이상
   - 색맹, 색약자, 금치산자, 한정치산 자는 지원불가, 신원조회상 결격사유가 없는 자
3. 교대근무가 가능한 자
4. 외국어 회화 가능자 우대(수당 지급)
5. 인천공항 출퇴근이 가능한 자
6. 보안검색 및 특수경비원 신임교육 이수자 전형 시 가점 부여
7. 2년제 전문대학, 전문학교 졸업자

2 업무 조건

- 고용형태 : 정규직(귀책사유가 없는 한 장기근속 가능)
- 급여수준 : 초임연봉 약 2,400~ 2,600만원(퇴직금 포함)
- 수습기간 3개월 적용(월급 약 90% 지급)
- 각종 추가(야간) 근무시 추가수당 지급
- 위해물품 적발 시 심사를 거쳐 포상급 지급
- 외국어 우수자 자격수당 지급, 각종 동호회 운영
- 식비 및 교통비 : 상기 급여에 포함되어 있음
- 전 직원 4대 보험 가입

3 근무 방식

- 출국/위탁 보안검색(4일 주기):
  종일(06:30~20:00) - 오전(06:30~13:00) - 오후(13:00~22:00) - 비번
- 환승 보안검색(6일주기):
  주간(09:00~18:00) - 주간 / 야간(18:00~익일09:00) - 야간 /비번 - 비번
- 서류전형 탈락하신 분들에게는 개별연락을 드리지 않습니다.
- 제출서류 : 이력서, 자기소개서

마일리지 카운터 담당

✈ 직업의 개요

모든 대형 항공사에서는 마일리지 카운터를 운영해요~ 항공사 마일리지라는 것은 해당 항공사를 이용한 승객에게 비행한 거리만큼 포인트를 주어 일정 포인트가 적립되면 무료로 항공기를 이용할 수 있게 만든 영업상 제도로 많은 승객을 유치할 수 있는 방법이에요.

즉, 동네에 빵집이 있는데 빵을 살 때마다 5점씩 주어 20점 이상되면 점수만큼 빵을 무료로 제공하는 방식과 같아요. 그래서 비행이 끝나면 많은 승객들이 마일리지를 적립하러 오기도 하고 그동안쌓인 마일리지를 확인하러 방문하기도 한답니다.그런데 이런 마일리지 규정이 항공사 직원조차도 알쏭달쏭한 까다로운 조항이 많아 많은 승객들이 머리를 갸우뚱 하는 경우가 많습니다.

따라서 이러한 승객에게 마일리지를 적립해주고 확인해주며 안내하는 창구를 마일리지 카운터 담당이라고 해요~

✈ 주로 하는 일

- 승객의 마일리지 확인
- 승객의 마일리지 차감/적립
- 마일리지에 관한 궁금증 해소
- 기타 마일리지에 관한 모든 의문

✈ 자격 및 보수

- 2년제 대학(전문학교 포함) 이상 졸업
- 영어 토익점수(원하지 않는 곳도 있으나 대부분 원함)
- 초임연봉 2,000~2,500만원(경력 따라 차이남)

✈ 필요한 덕목

- 적극적인 서비스 정신
- 마일리지에 관한 적절한 지식
- 성실한 응대자세
- 고객불만을 해소시키려는 열정
- 통합 운영하는 외국항공사에 대한 이해

✈ 채용회사

유니에스, 동보항공, 샤프에비에이션케이, KA, AIR KOREA, 스위스포트 코리아, 외국항공사

✈ 채용절차

회사의 정해진 이력서 양식 작성/온라인 지원 → 구두면접 → 합격자발표 → 직무훈련 → 최종합격

지상조업이라는 직무는 말 그대로 땅 위에서, 즉 활주로 계류장에서 항공기 조업업무를 수행 하는 일입니다. 그러면 조업업무란 어떤 말인지요?

비행기가 공항에 착륙하여 계류장에 들어오면 비행기가 그냥 정지해 있는 게 아닙니다. 항공유도 보충해야 하고, 승객화물도 하기해야 하고, 사용한 기내 탑재했던 모든 품목도 내려야 하고, 오물도 빼고, 기내청소도 해야 하고, 장치, 부품에 이상 없는지 확인해야 하는 등 매우 다양한 지상업무를 수행하게 됩니다.

항공
지상 조업원
알아보기

08 Chapter 항공
지상 조업원 알아보기

지상조업이라는 직무는 말 그대로 땅 위에서, 즉 활주로 계류장에서 항공기 조업업무를 수행하는 일입니다. 그러면 조업업무란 어떤 말인지요?

비행기가 공항에 착륙하여 계류장에 들어오면 비행기가 그냥 정지해 있는 게 아닙니다.

항공유도 보충해야 하고, 승객화물도 하기해야 하고, 사용한 기내 탑재했던 모든 품목도 내려야 하고, 오물도 빼고, 기내청소도 해야 하고, 장치·부품에 이상 없는지 확인해야 하는 등 매우 다양한 지상업무를 수행하게 됩니다.

즉, 지상 조업원의 업무는 비행기가 착륙하여 계류장으로 들어오게 되면서 시작되며 미리 해당 항공사(제주항공, 대한항공, 아시아나항공, 외국항공사 등)의 직원들에게 항공기 도착정보를 받아서 해당 비행기의 이륙과 착륙이 원활히 되도록 유도합니다. 그리고 승객들이 맡긴 물건을 비행기 창고(cargo)에서 꺼내다가 컨베이어 벨트에 옮겨 싣습니다. 이후 승객들은 도착장(Baggage claim area)에서 본인 수하물을 찾아가게 되는거죠^^

그리고 비행기는 새로운 승객과 새로운 화물을 싣고 다시 이륙하게 되므로, 새로운 승객들이 맡긴 수하물을 다시 비행기 내 창고로 옮겨 싣습니다. 또한 새

항공/관광분야 진로, 직업 알아보기

로운 승객이 사용할 기용품, 기내식, 면세품, 기내서비스용품 등을 다시 비행기에 탑재하고, 오물을 빼고, 음용수로 사용할 물을 채워 넣습니다.

또한 겨울에는 비행기 날개가 얼어서 위험하므로 비행기에 제설·제빙 작업도 해야 하죠?

크게 이런 식으로 업무가 진행되는 것이 항공 지상 조업직 입니다. 이 책을 읽다보면 이것이 바로 공항 현장직이라는 것이 느껴지죠~

근무형태는 매달 국경일, 토·일요일 일자만큼 모두 쉬지만 본인이 원하는 날 쉬는게 아니라 2~4일 근무 후 하루나 이틀, 사흘 쉬는 형태의 스케줄입니다.

우리나라의 대표적인 지상조업업체로는 샤프에비에이션케이, 스위스포트 코리아, 동보, ATS 등이 있으며, 대한항공계열인 한국항공의 KAS와 아시아나계열인 AAP가 있습니다.

물론 이들 지상조업업체가 지상조업만 하는 것이 아니지만 그 비중은 매우 큽니다.

하지만 상기 회사들의 사업영역은 매우 다양하므로 지상 조업직의 직무 말고 다른 직무를 확인하고 그것을 목적으로 해보는 것도 고등학생들의 장래 비전을 생각한다면 더 좋을 듯합니다.

마지막으로 국내공항마다 지상조업업무의 강도도 다르고, 급여체계, 업무시간, 스케줄 또한 상이하므로 근무하게 될 국내공항 선택도 매우 중요함을 잊지 마시기 바랍니다.

항공 지상 조업원의 종류는 다음과 같아요^^

가운데 서서 양손으로 비행기 유도중인 마샬러

항공기 유도원(마샬러-Marshaller)

✈ 직업의 개요

유딩, 초딩 시절 어릴 때 디즈니 만화영화에서 보안관이 가슴에 "MARSHAL"이라는 마크를 달고 권총을 휘두르며 큰소리치는 광경을 기억하고 있는 사람은 많겠지만, 공항에서 마샬은 항공기를 계류장에 접현시킬 때 계류장 앞 단상에 색깔 있는 조끼를 입고 서서 주홍색 탁구 라켓 같은 유도판을 흔들면서 계류장 앞까지 안전하게 항공기를 유도하는 행위를 말하며, 마샬러란 "러" "er"이 단어에 붙어서 그런 일을 하는 지상 항공기 유도사를 말해요~

공항 계류장에 접근하는 비행기를 유심히 보시면 아시겠지만 마샬러는 항공기 지상조업사에 소속된 사람들로서 양손에 주홍색 패들(Paddle, 유도판)을 들고 양팔을 높이 들어서 앞으로, 뒤로, 옆으로, 뻗었다, 접었다 하면서 수신호로 항공기가 정해진 위치까지 유도하는 역할을 주로 하며 항공기가 정지선에 완전히 서고 나면 기장에게 깍듯이 경례를 붙이고 있는데 아무래도 기장들에게는 아직은 자동화된 기계장치보다는 인간미가 있는 유도사에 의한 수동식 접현방식이 낯익고 손쉽다고 합니다. 그러나 점보기의 높이는 19.2m, 기장석은 6~7층 건물 높이에 해당하는 데 비해 인천공항의 마샬러들은 불과 2m도 안 되는 높이에서 유도를 하고 있어 조종사의 입장에서는 허리를 굽혀서 한참 아래를 내려다보면서 눈을 맞추어야 하죠^^ 신경이 쓰여도 한참 쓰이지 않을 수 없는 일인 것 같습니다.

항공기 마샬러는 보통 4인 1조로 일하게 됩니다. 항공기가 워낙 커서 혼자서 항공기 진입로를 다 볼 수 없기 때문에 날개 쪽 좌우에 윙 가이드맨을 1명씩 배치하고 한 명은 앞바퀴가 멈추어야 하는 라인 옆에, 그리고 항공기 유도사는 항공기 전면에 있는 유도대(臺) 위에 서서 유도해야 하죠^^ 조종실에서는 정지선이 보이지 않기 때문에 이들은 끝까지 기장과 눈을 맞추면서 선회, 직진, 서행, 정지 등의 신호를 보내서 노랑색 정지선에 정확

하게 앞바퀴가 정렬하도록 해야 하며 항공기 진입하는 과정에서 예기치 못한 장애물이나 돌발 상황이 생기면 즉시 항공기를 세우기도 하는데 항공기는 기본적으로 후진할 수 없으므로 각별히 신경을 쓰고 있습니다. 항공기 유도사(마샬러)가 되려면 소정의 교육을 거쳐 시험에 통과해야 한다. 항공기 유도사들은 항상 색깔 있는 형광조끼

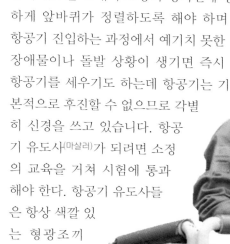

를 입고 귀에 방음 레시버를 끼고 있어요~

눈을 보호하기 위한 아이 프로텍션(Eye protection)에 산소공급장치가 붙은 마스크도 쓰고 있는 경우도 있습니다. 그 외에 방한코트에다 저녁이나 안개, 눈, 비 등 악천후에서도 조종실에서 잘 볼 수 있도록 Illuminescent(형광)유도판을 사용하고 있는데 이들이 몸에 장착한 장비는 보기에도 꽤나 무거워 보이겠죠? 보통은 노란색 패들을 사용하지만 밤에 탑승교가 없는 램프나 원격지주기장 같은 곳에 주기할 경우에 때로는 손전등을 사용하기도 한답니다. 외국에는 항공기 유도사 양성학원이 점차 늘어나고 있는데 일본에만도 20개가 넘고 남성의 전유물이었던 항공기 마샬러 직업에도 근래 여성들의 진출이 확산되고 있어요^^

최근에는 공항마다 서비스 경쟁이 심해져서 그런지 여성 마샬러를 배치하는 공항이 갈수록 늘고 있으며 남성기장들은 특히 도쿄 나리타공항과 오사카 간사이공항은 착륙 후 탑승교에 접현할 때 매우 즐거운 기분이라고 합니다. 일본 공항에서는 모두 깔끔하게 제복을 차려입은 여성 마샬러가 활약 중인데 그것도 곤돌라처럼 생긴 스텝카를 타고 조종실 높이까지 올라와서 항공기를 유도하고 있습니다. 항공기 승무원의 "눈높이 서비스"라고 불러주어야 할 세심한 항공기 유도서비스는 나리타와 간사이 공항의 명물로 알려져 있

습니다^**^

　따라서 모든 항공기 조종사는 마샬러의 수신호에 따라 항공기를 접안시켜야 하며 큰 덩치의 항공기를 이리저리 요리조리 자신의 몸처럼 움직이게 하는 상당히 보람 있는 항공 직업입니다.

✈ 주로 하는 일

　항공기 운항스케줄에 따라 유도할 항공기의 편명, 소속 항공사, 유도시간 등을 확인하고 승객의 승·하강, 화물의 적·하역 등을 위해 항공기가 정해진 장소(spot)에 진입하도록 항공기 기장에게 수신호 및 각종 신호용 도구를 사용하여 안내하며 유도로 차량을 통제합니다.

　항공기가 정지 지점에 도착하면 항공기 기장에게 각종 정보를 제공하고 항공기 전원공급용 장비 및 항공기 엔진시동용 장비, 항공기 견인용 장비(토잉트랙터) 등을 작동시키는 역할을 하며 항공기 이

자세한 사항은 국토교통부나 공항관리공단 또는 "한국항공진흥협회(www.airtransport. or.kr)"에 알아보시기 바랍니다.

룩 시 출발위치에 유도한 후 출발신호를 보내어 항공기를 출발시키는 임무를 수행해요~

✈ 자격 및 급여

항공기 유도원은 소정의 교육을 마치고 해당 국가기관(교통부)에서 실시하는 시험을 거쳐서 자격을 취득해야 합니다.

조종사와 수신호 혹은 유무선으로 호흡을 맞추어야 하고 항공기의 특성을 알아야 하기 때문에 외국어와 기타 관련된 상식을 갖추어야 하는 것은 기본이죠!!

항공기 유도원(마셜러)에게 필요한 자격증은 회사의 장비 작동 면허와 같은 한정면허이며, 이를 취득하기 위해 신임 유도사 양성과정 같은 사내자격시험에 응시하면 돼요~

- 학력 : 고졸 ~ 대졸(2~3년, 전문학교 포함)
- 초임연봉은 2,300~2,800만원이며, 경력과 직급 등에 따라 차이가 많습니다.

✈ 필요한 덕목

- 업무수행능력 : 반응시간과 속도/움직임 통제/선택적 집중력/ 유연성 및 균형/정교한 동작
- 지식 : 운송/통신/안전과 보안
- 공항의 지리에 능통
- 의사소통과 미디어 지식
- 업무환경 : 극단적으로 밝거나 부적절한 조명/균형을 유지하기/온몸 진동노출/장비 속도에 보조 맞추기/위험한 장비 노출에 따른 안전의식

- 성격/흥미/가치관이 뚜렷해야 함
- 협조적 성격/스트레스 감내성/신뢰성/독립성/자기통제 가능한 사람

✈ 채용회사

에이티에스, 한국공항, 한국공항서비스, 스위스포트 코리아, 외국항공사

향후 5년간 항공기 유도원(마셜러)의 고용은 현 상태를 유지할 전망이라고 생각합니다. 계류장에 들어온 항공기를 정해진 장소(spot)까지 이동하도록 신호를 보내는 마셜러의 업무는 자동화시스템의 발달에 따라 이를 전담으로 수행할 인력의 고용에 부정적인 영향을 미칠 수 있으며, 다만 안전관리에 대한 중요성 강조에 따라 실제 고용은 현재 상태로 유지되는 편입니다.

✈ 채용절차

회사의 정해진 이력서 양식 작성/온라인 지원 ▶ 구두면접 ▶ 합격자발표 ▶ 직무훈련 ▶ 최종합격

항공기 급유원(Fuel server)

🛫 직업의 개요

도착한 항공기가 계류장에 들어와서 승객이 완전히 내린 후 펌프 기능의 급유트럭을 조작하여 항공기에 항공유를 급유해주는 역할을 하는 조업원을 항공기 급유원이라 해요~

급유원의 역할은 급유할 항공기의 기종 및 유량을 확인한 후 하이드런트 펌프트럭을 이용하여 주기장 내 지하에 설치되어 있는 급유전과 비행기 오른쪽 날개 아래 있는 항공기 연료탱크를 연결하여 펌프기를 가동하고 항공유를 엄청나게 급유하는 업무를 합니다. 한마디로 말해서 비행장 주유소 주인이죠^^ 급유를 마친 후에는 항공기 급유량을 확인하여 일지에 기록하고 해당 항공편 정비사에게 전달해야 하며 작은 공항에는 항공유를 실은 급유차를 이용하여 급유하기도 해요^^

일반적으로 인천공항에서 미국으로 출발하는 대형 비행기에는 큰 드럼통으로 약 1,200드럼을 싣고 떠난답니다.

✈ 주로 하는 일

- 급유할 항공기의 기종 및 유량을 확인한다.
- 하이드런트 펌프트럭을 이용하여 주기장 내 지하에 설치되어 있는 급유전과 항공기 연료탱크를 연결한다.
- 펌프기를 가동하여 항공유를 급유한다.
- 급유량을 확인하여 일지에 기록하고 해당 항공편 정비사에게 전달한다.
- 항공유를 실은 급유차를 이용하여 급유하기도 한다.
- 항공기에 항공유 보급차량을 이용하여 항공유를 보급 및 급유 전표 작성하는 업무

✈ 자격 및 급여

- 고졸 ~ 초대졸(2~3년)
- 항공기 급유원 면허는 1종 대형면허가 필요

- 급여는 처음 입사기준 연봉으로 약 2,000만원 이상(정규직, 수당 제외)

✈ 필요한 덕목

- 정확한 계산능력
- 항공유 다루는 직종이기 때문에 철저한 안전의식
- 항공기와 급유차가 충돌하면 안 되니 서행 차량운전 필수
- 고도의 집중력
- 급유 화재 시 초동진압 능력

✈ 채용회사

한국공항(주), AAS공항(주), 에이원, 우리공항서비스, 항공에너지

✈ 채용절차

회사의 정해진 이력서
양식 작성/온라인 지원 → 구두면접 → 합격자발표 → 직무훈련 → 최종합격

항공기 급유원은 일반 취업사이트에 게재가 잘 안 되는 분야이므로 채용하는 회사 홈페이지 모니터링을 자주 하셔야 합니다.

(주)샤프 항공 급유팀 인천/ 김포공항 항공기 급유원 모집

인천공항 및 김포공항 화물기 및 여객기 급유원을 모집합니다.

3개월 수습기간 후 정규직으로 전환되며, 정규직 전환 시 국민연금 및 고용보험, 산재보험, 건강보험 적용됩니다.

신입사원분들의 많은 관심 부탁드립니다.

1 자격
- 대형면허 소지자(필수)
- 야간 업무 가능자(필수)
- 고졸 이상
- 만 20~30세 남자

2 문의
- 이메일 : idhan@group.sharp.co.kr

3 주소
- 인천공항 화물터미널 B동 AACT터미널 326호
  (주)샤프 항공급유팁

항공기 기내용품 탑재원(Airline service item loader)

직업의 개요

    비행기가 출발하거나 도착했을 때 항공기 객실승무원이 사용했던 모든 서비스물품과 기내면세품을 도착한 비행기에서 내리고 새로운 물품으로 객실에 탑재하는 업무를 하는 직종을 항공기 기용품 탑재원이라 해요~

    기용품 탑재원이 다루는 물건이 모두 무겁고 다치기 쉬운 품목이고 항공기가 지연되지 않도록 신속한 탑재와 하기를 필요로 해서 전부 남자만 채용하고 있고 조를 이루어 시간대별로 같이 근무하고 있어요^^ 한 조는 약 7~8명으로 이루어져 있으며 푸드카(Food car)라는 특수제작된 차량을 타고 조업에 임하고 있어요 항공기에 도착하면 일등석/비즈니스석/일반석 등으로 나뉘어 서비스물품/면세품을 탑재하고 하기하는 업무로 진행한답니다^^

　　우리 고등학생들이 항공사 승무원이 된다면 제일 많이 보고 제
일 많이 협조하는 직원이 바로 항공기 기용품 탑재원입니다. 왜냐
하면 비행기에 탑재되는 모든 서비스물품, 기내식, 음료수, 기물 등
을 항공기 출발 전 항공기 승무원이 기용품 탑재원으로부터 확인해
야 하기 때문입니다.

✈ 주로 하는 일

- 출발 항공편 항공기 서비스용품(기용품), 면세품 물품 세팅, 항공
기 탑재 승무원 인수인계
- 도착 항공편 기내 서비스용품(기용품), 면세품 물품 하기
- 도착한 항공편 기내식 하기
- 출발 항공편 기내식 탑재

✈ 자격 및 급여

- 학력 : 고졸 이상
- 근무형태 : 기타(주 5일제이지만, 주말 근무 있을 시 주중 휴무 대체함)
- 근무시간 : 조근 근무자 // 06:00~15:00,
  야근 근무자 // 13:00~22:00
- 임금조건 : 연봉 1,950만원 이상
- 탑재원 : 월고정급 154만원+ 연장수당(15~25만원)+교통비(20만원 내외 근무일수 따라 지급) +@(20만원 내외 근무스케줄에 따라 택시비)
- 평균 210만원 이상 지급, 연봉 2,500만원 내외
- 수습 3개월(급여의 90%)
- 근속수당 입사 후 6개월 이후 근속수당 발생
- 점심, 저녁 식사 제공

✈ 필요한 덕목

- 건강한 체력
- 무겁고 힘든 물건을 주로 다루므로 안전의식이 중요

- 특수차량 운전 및 탑재하므로 항공기 접촉 사고 방지에 따른 안전운전
- 시간대별 업무에 임하므로 정확한 시간관념
- 주로 면세품을 운반, 세팅 담당하므로 세관 물품에 대한 인식

✈ 채용회사

케이텍맨파워, 인더스카이, 대한항공 기내식 지원센터, 아시아나 기내식 지원센터 및 외국항 공사, 어마크, 선정인터내셔날

✈ 채용절차

회사의 정해진 이력서 양식 작성/온라인 지원 → 구두 면접 → 1차 면접 → 2차 면접 → 합격자 발표 → 직무 훈련 → 최종 합격

항공기 기내용품 탑재원 모집공고

1 모집부문 해당 업무 자격요건
- 탑재원 : 항공기 기내식 및 기용품 항공기 탑재 및 인도업무
- 활달한 성격의 소유자 우대
- 인천공항 출퇴근 가능자

2 근무조건
- 근무처 : 인천광역시 중구 운서동 2840 대한항공 기내식 지원센터

- 근무시간 : 일일근무시간 7.5~8시간 근무, 스케줄에 따라 근무시간 변동(주 5일 근무-주말근무 가능자)
- 1일 : 03:30~12:30, 2일 : 10:30~19:30, 3일 13:00~21:30, 4일 : 휴무(월 1회 휴무 지급, 연차 별도)

3 급여조건

- 월고정급 154만원+ 연장수당(15~25만원)+교통비(20만원 내외 근무일수 따라 지급)+@(20만원 내외 근무스케줄에 따라 택시비)
- 평균 210만원 이상 지급, 연봉 2,500만원 내외
- 수습 3개월(급여의 90%)
- 근속수당 입사 후 6개월 이후 근속수당 발생
- 점심, 저녁 식사 제공

4 복리후생

- 4대보험 & 퇴직연금 & 식사제공 및 출퇴근 교통비
- 근무복 지급, 연 2회 회식 및 우수근무자 포상
- 아침 간식 지급
- 연차휴가 및 경조사 휴가, 휴일 근무 시 대체 휴가 지급
- 명절선물 및 의료복지몰 혜택

5 출퇴근 교통

- 무료셔틀 : 인천공항 3층 1번게이트 앞⇔화물청사⇔대한항공 기내식 센터/20~30분 소요 배차 간격 출퇴근시간 20분, 이외 40분
- 자가용 차량이용 한양자동차 공업사 앞 무료 주차장 이용
- 통근버스 신정관광(개별신청) : 신정관광 홈페이지 '캐이링출근시간표' 참조
- 운영지역 : 서울-당산동, 목동, 신월동, 부천, 역곡, 인천 - 계산동, 구월동 등
- 근무 그룹별 카풀제도 운영 중(입사 후 문의 바람)

6 기타 사항

- 제출서류 : 자사 양식의 이력서 제출
- 전형방법 : 1차 서류전형(합격자에 한하여 개별 발표) ⇨ 2차 면접전형
- 접수기한 : 2016. 7. 18(월) 09시 ~ 2016. 8. 17(수)
- 지원방법 : 이메일 접수(kohjc@k-tec.co.kr)
- 지원 시 파일명은 "대한항공기내식지원센터_이름"으로 제출

항공기 CABIN CLEANING(기내미화원)

✈ 직업의 개요

항공기 캐빈 클리닝(기내미화원)이란 항공기가 도착해서 승객이 전부 내리면 기내에 들어가 출발을 위해 기내를 깨끗하게 청소하는 업무를 하는 직종을 말해요~

즉, 주로 하는 업무는 항공기 내 청소입니다. 이러한 직종은 항공기가 운항하는 국제·국내 공항이 있는 전 세계 공항에 전부 존재하며 정해진 시간 내에 기내미화를 마치려면 상당한 인원이 필요해 20~30명씩 기내미화 전용버스를 타고 다니며 항공기 미화를 담당합니다. 한 버스당 남성조원은 진공청소기를 등에 메고 기내의 모든 바닥을 청소하는 업무를 맡고, 여성조원은 각종 세팅, 머리커버(Head rest cover) 교환 및 화장실, 주방, 복도를 클리닝하는 업무를 맡고 있습니다!

기내 미화 후 서명하는 저자

특히 국내 공항의 캐빈 클리닝은 전 세계에서 신속, 정확하기로 정평이 나있습니다. 외국공항에 기항하면 답답하리만큼 시간이 오래 걸려 성질 급한 승무원들은 혈압이 오르곤 하죠^^

그만큼 우리 대한민국 국민들의 손재주는 당할 사람이 없지요^^

항공기 캐빈 클리닝 직업은 직업의 귀천이 없는 현대사회에서

근무 외 자신의 시간을 소중하게
사용할 수 있고 자유스럽게 일할
수 있는 직업이랍니다^^

✈ 주로 하는 일

- 항공기 착륙 및 승객 하기 후
  다시 이륙하기 전까지 항공
  기 객실 청소 업무
- 기내 Seat 포켓의 안내 책자
  및 카드 세팅 업무
- 기내 소모품(생수, 냅킨 등) 보충
  업무
- 머리커버(Head rest cover) 냅교환

✈ 자격 및 급여

- 경력 무관(신입 제외)
- 학력 무관
- 특별한 자격조건은 없으나 공항 Pass 발급 시 신원조회에 이상
  없을 것(나이 제한 없음)
- 연봉제 계약 가능 : 월 145만원(기본급) / 스케줄에 초과근무가 기
  본으로 포함되어 있으므로 실 수령액은 연봉 1,800만원 이상(초
  과근무가 생길 경우 초과근무 수당 지급)
- 입사 시 바로 정규직 근무(업무 평가기간이 3개월 있으나 급여 및 기타 혜택 정규
  직과 동등)
- 연금보험, 국민연금(4대보험), 고용보험(4대보험), 산재보험(4대보험), 건
  강보험(4대보험)

- 퇴직연금
    - 수당제도 : 연 · 월차수당, 직책수당
    - 출산 · 육아 남성출산휴가
    - 의복관련 유니폼 지급
    - 식사관련 식비 · 식권 지급
    - 휴일 · 휴가 연차, 경조휴가제
- 근무복, 식권지급, 조조출근과 야간퇴근 시 교통비 지급, 퇴직금(1년 이상), 명절 보너스 지급
- 근무형태 정규직, 계약직(정규직 전환가능)-6개월
- 근무요일 탄력적 근무제, 근무시간 05:00~22:00 탄력근무제(주5일제 근무)

✈ 필요한 덕목

- 많은 조원과 함께 근무하므로 상대를 배려하는 마음가짐
- 항공기 출발시간 내 임무를 마쳐야 하므로 신속한 행동
- 시간에 쫓기는 기내업무를 많이 하므로 철저한 안전의식
- 시간제 근무가 많아 철저한 자기관리 및 시간엄수

✈ 채용회사

샤프에비에이션케이, KASCO, 동보항공, 케이알, 유비엠, 에어마크, 스위스포트 코리아, 외국항공사, 케이텍맨파워, ㈜고암

✈ 채용절차

회사의 정해진 이력서 양식 작성/온라인 지원 → 구두면접 → 합격자발표 → 직무훈련 → 최종합격

기내미화원 채용공고

1 직종 키워드 : 항공기 기내청소원

2 직무내용
- 인천국제공항 내 대한한공 항공기 내부 정리정돈 및 청소
- 증원으로 인한 채용
- 주5일 근무(스케줄 근무) 09:00~18:00
- 급여: 145만원 이상(127만원+교통비 일9,000원+ 식권 지급)

3 접수마감일 : 채용 시까지

4 고용형태 : 기간의 정함이 없는 근로계약 / 파견근로 비희망

5 모집인원
- 2명 지원현황 : 총 25명(취업알선기관 알선 : 20명, 이메일 입사지원 : 5명)
- 한 지원자가 알선과 이메일 입사지원을 모두 한 경우 총인원수에서는 한 명으로 카운트됩니다.

6 임금조건 외 학력
- 임금조건 : 월급 145만원 이상 상여금 별도 : 0%
- 경력조건 ; 관계없음
- 학력 : 학력 무관
- 키워드 : 청소, 미화, 내부청소, 주부우대, 주5일

7 기타
- 외국어능력 : -
- 자격면허 : -
- 컴퓨터활용능력 : -
- 장애인 채용희망 : -
- 전공
- 병역특례 채용희망 : 비희망
- 우대조건 : 인근거주자

8 기타 우대 사항
- 인천공항 인근 거주자 우대
- 청소업무 경험자 우대
- 전화나 문자로도 접수 가능
- 장기근무 가능자
- 이메일 접수 가능

아무리 전망이 밝은 분야라고 해도 준비가 되어 있지 않은 사람에게 일자리를 내어줄 수 없습니다. 혹시 여러 학생들은 TV 드라마 주인공처럼 멋진 모습으로 일하고 싶다는 막연한 생각만으로 호텔리어를 꿈꾸고 있지는 않나요?

따라서 이러한 여러분의 멋진 꿈을 현실로 이루어보기 위해 지금부터 호텔에 근무하는 모든 직종의 자격조건과 근무여건 등 모든 것에 대해 다 알아보기로 해요^^

Chapter
09

호텔관련 직업
알아보기

우리나라에서 길거리나 전철 등에서 길을 묻는 외국인을 만나 땀 좀 흘린 경험이 다들 한 번쯤은 있을 것 같아요^^

중·고등학교 시절 잘하던 영어 말문이 턱 막혀 진땀을 흘린 사람도 있겠고, 마치 이 순간을 기다렸던 것처럼 평소 닦아왔던 언어 실력을 보란 듯이 뽐낸 학생들도 있을 겁니다. 우리나라도 외국인이 많이 방문하여 지금은 서울 명동이나 인사동, 이태원 등 관광명소로 꼽히는 곳에서는 외국인을 마주치는 것이 더 이상 낯설지 않을 정도인데요, 이는 전 세계적으로 관광산업이 성장한 데다 K-POP 등 한류열풍 등에 힘입어 우리나라를 방문하는 외국인 관광객이 크게 늘었고, 우리나라가 차츰 선진국 대열에 올라서면서 각국 정상들이 참여하는 국제회의, 국제적 규모의 전시회와 박람회

등을 정부 차원에서 꾸준히 유치하고 있기 때문이에요^^

1978년 100만 명에 불과하던 한국방문 외국인 관광객 수는 2000년 500만 명, 2012년에는 1,114만 명을 기록했어요.

혹시 'Well… 1,000만 관객을 돌파한 영화 소식을 자주 접해서인지 감이 잘 안 오는데? 이 정도면 많은 건가?' 하고 생각하는 분들도 있을 것 같아 한 말씀 더 드리자면, 이는 관광의 최고강국으로 꼽히는, 스위스보다도 많은 수라고 하네요.

그런데요, 유감스럽게도 이러한 외국인 관광객을 '충성고객'으로 만들지는 못하고 있다는 안타까운 보도도 있어요. 바로 체류할 숙박시설 부족으로 불편을 겪으면서 우리나라를 방문한 관광객들의 전반적인 여행 만족도가 떨어지고, 이는 재방문을 꺼리는 주요 인으로 작용하고 있다는 겁니다. 외국인 관광객 수가 매해 10% 이상 증가하는 동안 관광숙박시설 증가율은 3~4%에 그쳤으니, 제대로 된 잠자리가 없는 것은 당연하지요^^

이에 반해 호텔 등 외국인 관광객에게 다양한 숙박시설을 충분히 갖추고 있는 홍콩, 일본, 마카오, 필리핀 등은 외국인 관광객의 재방문율이 훨씬 높다고 해요. 이래서야 외국인 관광객 2,000만 명이라는 목표, 실현 과연 가능할까요? 그 해답은 호텔 객실의 증량과 호텔업계 종사자의 의식수준 향상에 있답니다^^

한국의 호텔업계 종사자들은 외국인 관광객, 특히 중국인 관광객이 앞으로도 꾸준히 증가할 것이며, 이에 따라 호텔을 포함한 여러 숙박시설에 대한 수요 또한 계속 증가할 것으로 내다보고 있어

요. 서울과 도쿄의 호텔 객실수는 2012년 기준으로 무려 5배 이상 차이가 난다는데요(서울 약 2만 8천여 실, 도쿄 12만 6천실), 국내 관광산업이 경쟁력을 잃지 않으려면 향후 서울에만도 최소 5만실 이상의 호텔 객실 공급이 절실히 필요하다고 합니다.

음… 호텔리어를 꿈꾸는 분들~ 여기까지 읽으면서 혹시 입가에 미소를 짓고 있지 않나요?

'호텔이 많이 늘어나겠구나! 일자리는 충분하겠는걸?'

'호텔 유니폼 입은 내 모습 완전 근사할 것 같아!'

하지만 아무리 전망이 밝은 분야라고 해도 준비가 되어 있지 않은 사람에게 일자리를 내어줄 수 없습니다. 혹시 여러 학생들은 TV 드라마 주인공처럼 멋진 모습으로 일하고 싶다는 막연한 생각만으로 호텔리어를 꿈꾸고 있지는 않나요?

따라서 이러한 여러분의 멋진 꿈을 현실로 이루어보기 위해 지금부터 호텔에 근무하는 모든 직종의 자격조건과 근무여건 등 모든 것에 대해 다 알아보기로 해요^^

프론트데스크(Front desk) 사무원

✈ 직업의 개요

"살아가면서 우리는 수많은 사람들을 만난다. 이런 만남의 과정에서 첫인상은 매우 중요한 역할을 한다. 그러나 첫인상은 매우 짧은 시간에 결정되고 그 영향은 상당히 오래 지속된다." 카밀 래빙턴은 그의 저서 '첫인상 3초 혁명'에서 위와 같이 첫인상의 중요성을 언급했습니다. 바로 첫인상입니다. 사람을 처음 만날 때 보통 첫인상으로 상대를 판단하게 된다고 합니다. 실제로 첫인상이 인간관계의 70%를 지배한다는 이론도 있습니다. 그렇다면 첫인상이 결정되기까지 시간은 얼마나 걸릴까요? 미국의 뇌 과학자 폴 왈렌 교수에 의하면 사람의 뇌는 0.017초, 그야말로 찰라의 순간에 상대방에 대한 호감 여부를 판단한다고 합니다. 또 다른 연구자에 따르면 한국인의 경우 첫인상을 결정짓기까지 단 3초가 걸리는데, 이는 무려 60번을 만나야 바뀔 수 있을 정도로 견고하다고 합니다. 60번 노력

253

하면 된다지만, 글쎄요? 기회가 60번이나 올까요?

　프론트데스크 사무원은 호텔의 첫인상을 담당하는 사람입니다. 투숙객이 호텔을 방문하기도 전에 전화나 온라인을 통해 맞이하는 사람이지요~

　프론트데스크 사무원이 하는 업무는 여행사나 안내소를 통한 예약 건수, 전화·이메일 등을 통하거나 직접 방문으로 들어온 예약 건수를 확인하고, 신청자가 요구하는 사항을 기재해 예약 확인 통보를 보내는 일과 예약자의 명단과 이력을 넘겨받아 예약된 고객이 도착하면 객실을 배정해 주며, 투숙객 신상에 관한 정보를 기록하는 업무를 수행합니다. 또한 고객이 퇴실을 할 때는 제일 중요한 숙박료를 받습니다. 하지만 이외에도 환전 및 프론트데스크 시재 관리, 호텔에 대한 전반적인 정보제공 및 기타 고객 문의에 대한 응대 등 다양한 일을 하고 있습니다.

　아무래도 고객들이 요청사항이 있거나 문제가 발생했을 때 가장

항공/관광분야 진로, 직업 알아보기

먼저 찾는 부서다 보니 업무의 범위가 제한 없이 넓다고 할 수 있습니다. 규모가 작은 시설에서 일할 경우, 이러한 예약 · 접수 · 안내 · 회계업무 외에도 세탁물 처리, 전화 교환, 룸서비스 등 다양한 업무까지 도맡아 처리하기도 해요~ 근무시간은 소속된 업체의 근무 규정에 따라 조금씩 다르지만 대부분 교대근무 체제로 운영되기 때문에 야간근무, 주말이나 휴일근무를 해야 할 때도 많습니다. 업무 특성상 근무환경은 비교적 쾌적한 편이고, 대부분 건물 내의 깨끗하고 밝은 조명과 냉방시설이 되어 있는 로비층의 데스크에서 손님을 맞이하고 업무를 처리합니다.

향후 관광숙박시설이 꾸준히 증가할 것으로 보이며, 이에 따라 프론트데스크 사무원의 일자리도 계속 발생할 것으로 예상됩니다. 다만, 대부분의 구직자들이 임금이나 복리후생 등 근무조건이 좋은 특급호텔을 선호하는 만큼 특급호텔에 취업하기 위해서는 치열한 경쟁을 피할 수 없을 것 같아요^^ 그만큼 미리 준비해야 하겠죠~

✈ 주로 하는 일

- 호텔의 첫인상 담당
- 투숙객 호텔 방문 시 접대
- 예약 확인 통보
- 투숙객 신상정보 입력 후 객실 배정
- 투숙객 숙박료 청구내역에 대해 설명 후 해당 금액 수령
- 환전, 프론트테스크 기재관리
- 호텔에 관한 전반적인 정보제공 및 고객불만 해소
- 기타 호텔에 관한 전반적인 문의에 응대

✈ 자격 및 보수

"호텔에는 특1급/특2급/관광1급/관광2급/관광3급 순으로……
나눌 수 있는데요~ 호텔급수에 따라서 높을수록 복리후생은 좋으나 급여에는 사실 큰 차이가 없습니다. 하지만 많은 지원자분들이 높은 등급의 호텔을 선호하시기에 취업경쟁률 또한 높은 것도 사실입니다. 보수의 경우 인턴의 경우는 1년에 1,500정도가 되는 것 같습니다.

호텔 연봉은 5성급 호텔 직원기준 대략 2,200~3,200만원이며 5년 이상 근무경력/진급 시 3,000~3,800만원 정도입니다^^"

- 회사 홈페이지나 신문광고, 취업소개사이트 등을 통해 정기공채 또는 수시모집
- 고졸 이상의 학력이면 지원
- 일부 특급호텔에서는 전문대학 졸업 이상의 학력을 요구
- 컴퓨터로 업무를 처리하기 때문에 전산능력이 필요
- 영어권 승객 많아 영어회화 가능하면 좋음
- 중국인 관광객의 증가로 중국어 능력까지 갖춘 인재를 더욱 선호
- 문화체육관광부에서 주관하는 호텔경영사, 호텔관리사 자격을 취득하면 취업에 유리

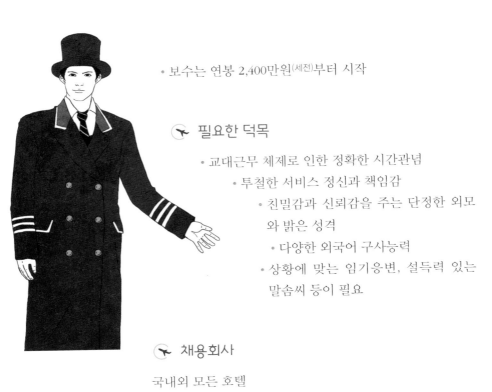

- 보수는 연봉 2,400만원^(세전)부터 시작

필요한 덕목

- 교대근무 체제로 인한 정확한 시간관념
- 투철한 서비스 정신과 책임감
- 친밀감과 신뢰감을 주는 단정한 외모와 밝은 성격
- 다양한 외국어 구사능력
- 상황에 맞는 임기응변, 설득력 있는 말솜씨 등이 필요

채용회사

국내외 모든 호텔

채용절차

"요즘에 경기불황으로 인해 …… 호텔뿐만 아니라 …… 모든 기업들이 인턴제를 도입하여 인력채용을 하고 있습니다. 하지만 인턴제도도 잘만 활용하면 일정기간이 만료된 후 직원으로 채용하는 경우가 많습니다. 근무태도가 성실근면하고 업무수행능력과 리더십 또한 책임감과 대인관계 등을 원활하게 인턴근무 시 보여준다면 사실상 호텔에서는 픽업을 하는 경우가 대부분입니다."

각 호텔의 정해진 이력서 양식 작성/온라인 지원 ▸ 서류 합격 ▸ 구두 면접 ▸ 합격자 발표 ▸ 직무 훈련 ▸ 최종 합격

인스펙터(inspector), 인스펙트레스(inspectress)

✈ 직업의 개요

인스펙트레스는 룸메이드
의 청소작업을 지도·관리하
는 사람이에요~

하우스키핑 부서에서 일을
하는 사람이라면 단번에 '아,
네가 인스펙터구나!' 하겠지만
호텔에 종사하지 않는 사람과
호텔에서 일을 하더라도 하우
스키핑 부서에서 일을 해보지 않은 사람이라면 인스펙터가 무엇인
지 잘 알지 못합니다.

주로 각 호텔의 룸메이드의 경력을 가진 50대 여성들이 많이 일
하고 있습니다. 이들의 업무는 객실 내 미니바 관리, 시설물 관리
등의 업무도 맡아 하는데요, '미니바(mini bar) 담당자'는 객실에 비치
된 냉장고에 음료, 주류 및 간단한 안주를 준비하고, 판매에 차질이

학생여러분들도 호텔숙박 경험이 있지요? 객실 내
냉장고에 음료수와 주류 그리고 먹을 것이 가득차 공
짜인줄 알고 무한흡수하였다가 다음 날 돈계산 치르
고 부모님에게 엄청 혼난 학생들 많습니다. 교수님도
비행 근무 처음할 때 외국호텔 객실 내 냉장고에 채
워져 있는 여러 가지 식음료를 즐기고 거액을 낸 경
험이 있으니 여러분도 객실에 입실하시면 프론트데
스크에 전화걸어 무료인가 확인하고 드시기 바랍니
다. 슈퍼나 마트에서 구입하는 것보다 약 2~4배의
가격이라고 생각하시면 틀림없습니다.^^

없도록 상품구매 및 입고관리, 재고관리, 매출관리 등을 합니다. 미니바는 숙박업체에서 큰 수익을 내는 '효자' 경영으로도 인식되어 담당자를 두어 운영하는 경우가 점차 늘고 있다고 합니다. 이들 역시 규모가 큰 호텔의 경우 용역으로 운영·관리되고 있고 대부분

인력용역업체 및 파견업체에 소속되어 활동하기 때문에 일자리가 다소 불안정한 편입니다. 또한 아프거나 일이 없을 때 보장받을 수 있는 각종 사회보험은 월 60시간 미만으로 근무하는 단시간 근로자인 경우 제한될 수도 있습니다. 호텔은 철저히 고객 중심으로 돌아가는 곳입니다. 따라서 전 직원이 오직 고객의 편의를 위해 일한다고 해도

과언이 아니죠. 최근에는 다양한 숙박시설이 생겨나면서 경쟁력 강화를 위해 호텔식 서비스를 제공하는 숙박시설도 점점 늘고 있다고 합니다. 숙박시설에 투숙하실 경우 본서에서 배운 "인스펙트레스"를 참조 하셔서 좋은 숙박이 되시길 바래요~

✈ 주로 하는 일

- 호텔 객실을 청소하고 난 후 최종적으로 객실 점검
- 룸메이드의 청소작업 지도·관리
- 룸 내 미니바(Mini bar) 관리
- 미니바 상품 구입 및 관리

✈ 자격 및 보수

- 특별자격 없음
- 학력이나 연령 제한은 없음
- 근무시간 : 09~18시 - 호텔측의 보수는 협의하는 경우가 많으며
  연봉 2,600~3,000만d눠ㄴ 정도(세전)

✈ 필요한 덕목

- 객실청소 후 단 7분에서 10분 만에 점검해야 하기 때문에 순발
  력 필요
- 객실을 점검 할 때에 만 가지에 버금가는 부분들을 체크해야
  하기 때문에 섬세함 필요
- 세심한 부분까지 손과 눈이 가야 하기 때문에 모든 부분을 체
  크하고 놓치지 않도록 하는 정확함이 필요
- 매사 꼼꼼함

✈ 채용회사

국내외 모든 호텔(주로 호텔 근처에 거주하는 사람/여성을 채용하는 경향이 있음)

✈ 채용절차

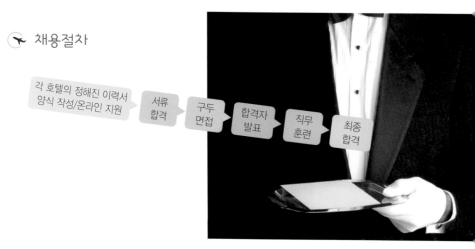

각 호텔의 정해진 이력서 양식 작성/온라인 지원 → 서류 합격 → 구두 면접 → 합격자 발표 → 직무 훈련 → 최종 합격

인스펙트레스 채용공고

서귀포 라마다 앙코르 이스트 호텔에서 룸인스펙터를 모집합니다.

1 인스펙터/인스펙트레스

- 남녀 무관
- 인스펙터 경력 , 룸메이드 경력
- 업무내용 : 객실정비 점검
- 근무시간 : 08:30~17:30
- 급여 : 170~180만원
- 엑셀 등 PC활용 가능자 우대

2 공통사항

- 근무지 : 제주 서귀포시 서호중로 65
  [서귀로 라마다 앙코르 이스트 호텔]
- 복리후생 : 식사 제공 , 유니폼 제공,
  4대보험 , 퇴직금 , 경조사 등

3 지원방법

- 온라인 지원
- 전화문의 후 방문
- E-mail 지원 : esys7777@naver.com

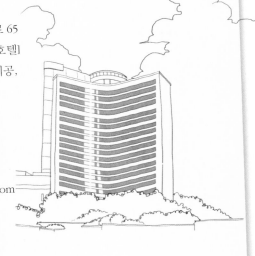

유틸리티(Utility)

✈ 직업의 개요

숙박시설을 이용하는 고객과 직원이 불편을 느끼지 않도록 최적의 환경을 제공하기 위해 공공지역의 청소관리를 담당하는 직원이에요~

이분들은 일반청소 외에도 카펫 샴푸, 복도, 화장실 등 공공지역의 청소를 담당하며, 건물의 외벽청소, 외부 유리청소, 광택작업, 정원관리, 소독 및 방역작업 등을 담당합니다. 객실, 복도 및 업장의 카펫 샴푸 및 대리석의 광택작업을 주 업무로 하는 경우 '샴푸맨(ShampooMan)'으로도 불리며, '하우스맨(Hosue Man)'은 객실 내 침대 등의 가구를 옮기는 등 룸메이드를 도와 일합니다. 즉, 호텔 내외부 시설관리를 주로 맡고 수행하고 있으며 업무를 수행하는 데 특별한 노하우나 미리 익혀야 할 기술은 없으나 무거운 기계를 사용한다거나 화학약품을 처리해야 하는 등을 이유로 주로 40~50대 남성이 활동하고 있습니다. 규모가 큰 호텔의 경우에는 용역으로 운영·관리되고 있어요~

263

✈ 주로 하는 일

- 호텔 공공지역의 청소관리
- 외부 유리청소, 광택작업, 정원관리, 소독 및 방역작업 등을 담당
- 룸메이드와 협력해 호텔 내외부 시설관리

✈ 자격 및 보수

- 학력이나 연령 제한은 없음
- 근력 쓰는 일이 많아 남성을 많이 채용함
- 보수는 협의하는 경우가 많으며, 일반적으로 연봉 2,800만원 이상(세전)

✈ 필요한 덕목

- 무거운 기계를 사용하는 경우 많아 체력이 필요
- 기계작업을 사용하여 안전의식 필요

✈ 채용회사

국내외 모든 호텔(주로 호텔 근처에 거주하는 사람을 선호)

✈ 채용절차

각 호텔의 정해진 이력서 양식 작성/온라인 지원 → 서류 합격 → 구두 면접 → 합격자 발표 → 직무 훈련 → 최종 합격

265

2014 호텔신라 유틸리티 경력직 채용

1 모집개요 :
- 회사 : 호텔신라
- 접수기간 : '14. 4.30(水) ~ '14. 5.11(日) 23:55
- 근무지 : 서울 / 인천 / 제주

2 모집부문
- 환경 : - 환경관리관련 법령 및 가이드라인 수집/제공
  - 녹색기업 인증 유지관리, 온실가스 · 에너지 관리
  - 오폐수 처리시설 운영 및 폐기물 인허가 관리
  - 수영장, 목욕탕 等 수질위생 및 실내 공기질 측정
  - 기타 수질, 대기, 폐기물, 환경경영 시스템 等 환경 제반사항 관리
- 전기 : - 전기분야 위험작업 관리 및 감리 실시
  - 전기분야관련 법령 및 가이드라인 수집/제공
  - 전기시설 유지관리(수변전, 동력, 전등, 전열설비 等)
  - 전기시설 단위 투자 및 수선공사
  - 공사 프로젝트 전기부문 공사관리 및 기술지원
  - 전기 안전진단 및 예방관리
- 기계/설비 : - 기계/설비 관련 법령 및 가이드 수집/제공
  - 기계/설비 분야 위험작업 관리 및 감리 실시
  - 기계/설비 안전진단, 예방관리 및 기술지원
  - 공사 프로젝트 기계/설비부문 안전관리 및 기술지원
  - 기계설비, 공조설비 및 기계 자동제어 수행

3 지원방법 :
- 삼성 채용 홈페이지(http://careers.samsung.co.kr) 접속
- 경력사원 채용공고 內 호텔신라 '안전환경' 부문 경력직 채용 선택
- 공고 우측 하단의 '지원서 작성하기' 버튼 클릭 후 지원서 작성

4 지원자격
- 병역필 또는 면제자로 해외여행에 결격사유가 없는 분
- 학력 및 경력 : 전문학사 학위 소지자의 경우, 최소 7년 이상 유관경력 보유자

5 전형절차

서류전형 → 전문성 면접(직무수행 평가) → 인성 면접 → 건강검진 → 처우협의 → 최종합격

호텔 세탁원(Laundry)

✈ 직업의 개요

고등학생 여러분은 어떨 때 여행이 가고 싶은가요?

많은 사람이 다양한 이유로 여행을 떠나지만, 궁극적인 목적은 '힐링을 위한 휴식'이 아닐까 합니다.

이 때문에 관광지 숙박시설의 객실서비스는 여행객의 만족도를 좌지우지할 만큼 중요합니다. 만약 안락함과 청결함을 기대하고 온 호텔에서 침대커버와 이불, 베개, 수건 등 먼저 머물다 간 사람이 사용한 걸 그대로 써야 한다고 생각해 보세요~ 아마도 호텔에 대한 이미지와 머물고 싶은 생각이 전혀 생기지 않을 겁니다.^**^ 그리고 호텔투숙 첫날부터 집 생각이 간절할 겁니다. 여행 차 머무는 것이면 그래도 다행이지요^^

호텔은 출장 차 드나드는 기업체의 비즈니스맨들이 많은 곳이기도 한데요. 짧게는 하룻밤, 길게는 몇 달씩 머물기도 합니다. 장기간 투숙하는 비즈니스맨의 경우, 아마도 가장 신경이 쓰이는 것이 옷차림일 겁니다. 집처럼 옷을 다릴 수도 없고 빨래는 물론이죠?

비즈니스맨들은 회사를 대표해 공식석상에 나서면서 얼룩진 와이셔츠에 구김 가득한 바지를 입을 수는 없거든요~

이것 참, 출장지에 다리미도 챙겨 와야 하는 걸까요? 일하기도 바쁜데, 저녁마다 와이셔츠를 빨 수도 없는 노릇입니다. 난감하죠?

하지만 이 모든 것은 괜한 걱정일 뿐! 앞에서도 이야기 했지만 투숙객이 필요하다고 느끼는 세탁을 포함하여 모든 것을 서비스하는 곳이 바로 호텔입니다. 최근 의류 등 섬유제품이 고급화·다양화되면서 숙박객뿐만 아니라 일반 가정집에서도 세탁이 까다로운 고급 의류를 호텔의 세탁부로 가져와 세탁이나 수선을 의뢰하는 경우도 있답니다. 이처럼 세탁분야의 최고 수준 높은 기술과 경험을 갖춘 호텔 세탁원들의 손길을 필요로 하는 곳이 많아지고 있습니다.

이제 투숙객의 청결한 잠자리와 말끔한 차림새를 책임지는 호텔 세탁원을 알아 보도록 해요^^

🛫 주로 하는 일

- 투숙객으로부터 의뢰받은 의류나 피혁제품 등을 전문으로 세탁
- 호텔 내 다양한 직원의 유니폼 세탁
- 린넨류의 분실과 손상상태를 파악
- 호텔 유니폼실을 정리·정돈
- 호텔 객실 침대커버 등 세정
- 그 외 세정이 필요한 모든 물품 세정

✈ 자격 및 보수

- 학력, 연령 제한은 없음
- 일반적으로 취업 후에 세탁기술을 습득
- 세탁기술학원, 관련 협회 등을 통해서도 교육받을 수 있음
- 숙련자가 되기까지는 보통 3년 정도의 시간이 필요
- 관련 자격증으로는 세탁기능사가 있음
- 보수는 협의하는 경우가 많으며, 일반적으로 2,400만 정도임(세전)

✈ 필요한 덕목

- 세척기계, 세탁기계를 주로 많이 사용하므로 안전의식 매우 필요
- 무거운 세탁물의 운반 때문에 강인한 체력의 소유자
- 투숙객의 고가의 의복 손상에 유의해야 하기 때문에 섬세함
- 꼼꼼한 성격의 소유자
- 손재주, 빠른 손놀림
- 많은 직원과 함께 근무하므로 적절한 의사소통 능력
- 고객이 원하는 시간에 정확한 배달 위해 철저한 시간관념

✈ 채용회사

국내외 모든 호텔(주로 호텔 근처에 거주하는 사람을 선호), 세탁공장, 병원, 학교 및 기숙사, 직물생산업체 내 가공처리부, 창업

✈ 채용절차

각 호텔의 정해진 이력서 양식 작성/온라인 지원 → 서류 합격 → 구두 면접 → 합격자 발표 → 직무 훈련 → 최종 합격

오더테이커(Order Taker)

✈ 직업의 개요

　최근 호텔의 다양한 서비스가 호텔 밖으로까지 확산되고 있습니다. 강남의 유명 고급 음식점에서 대신 주차를 해준다거나, 입주민에게 하우스키핑 서비스를 제공하는 고급아파트도 생겨나고 있고요. 요즘 아파트 주변의 웬만한 세탁소에서는 세탁물 수거배달 서비스를 해주죠?

　생각해보면 우리가 매번 사용하는 핸드폰 기능 중 "Wake up call"도 원래는 호텔에서만 받을 수 있는 고급 서비스였죠. 따라서 현재 매우 다양한 곳에서 이용자의 만족도를 높이고 효율적인 경영을 위해 고급 호텔식 서비스를 따라하고 있음을 알 수 있습니다. 이외에도 룸서비스, 비즈니스 서비스, 메이크업 서비스, Safety Box, 환전 서비스 등 호텔에서 누릴 수 있는 서비스는 상당합니다. 자,

그런데! 기억하기도 쉽지 않은 이 많은 서비스를 누리는 데 어려움은 없을까요? 필요한 서비스를 하나하나 찾아서 이용하려면, 더군다나 호텔을 처음 방문하는 사람은 이용방법을 몰라서 곤란을 겪을까봐 괜히 초조함이 들 수도 있을 겁니다.

하지만 걱정마세요. 그럴 땐, 호텔 프론트데스크에 연락 하셔서 이 사람만 찾으면 됩니다. 투숙객이 필요로 하는 모든 주문사항을 전화 한 통으로 해결해 주는 이 사람…

바로 오더테이커(Order taker)예요~^^

✈ 주로 하는 일

객실에 투숙한 고객이 필요로 하는 서비스를 전화로 요청하는 경우 오더를 받고 해당 부서, 또는 담당자에게 조치를 취하도록 연결하는 업무를 수행합니다.

이같이 고객의 요청에 대한 처리도 많지만 객실정비 업무를 수행하는 과정에서 보완해야 하는 일들이 많이 발생하기 때문에 룸메이드가 주는 오더 또한 많습니다. 이렇게 오더테이커는 언제, 어디서, 어떤 서비스를 요청해 올지 하루 종일 전화와 씨름을 하게 됩니다.

객실로부터 전화에 의한 식음료 주문을 받기 위해 메뉴와 음료 리스트 등을 준비하고, 고객의 주문사항, 객실번호, 고객의 성명 등

예를 들어 객실의 시설에 대한 불만은 시설부서에서 즉시 처리할 수 있도록 연결하고, 청소상태에 대한 불만이 있을 경우에는 '인스펙트레스(Inspectress)'가 재점검하여 처리할 수 있도록 합니다. 또한 객실에 비치되지 않는 물품 중에서 고객의 필요에 의해서 구입요청을 하는 경우도 즉시 구입하여 고객이 사용할 수 있도록 도와주며, 특히 투숙객의 런드리(Laundry) 서비스, 룸서비스 등에 대해 전화로 주문을 하면 오더테이커는 담당 직원을 바로 호출하여 해당 객실에서 주문을 받게 합니다.

을 기록한 후 서비스가 필요한 해당부서로 연결합니다. 또한 식음료 부서의 영업장과 영업시간 등에 대해서도 안내할 수 있도록 숙지해야 합니다. 오더테이커는 24시간 근무로 보통 3교대로 일하고 있습니다. 객실부 하우스키핑 소속으로 업무 체계가 이루어지는데 요즘은 인력의 효율화 측면에서 룸서비스 오더테이킹 업무와 통합 운영하는 호텔도 많아지고 있습니다.

자격 및 보수

- 고졸 이상의 학력
- 빼어난 전화 매너
- 나이, 전공학과 등 특별한 제약사항은 없음

나이, 전공학과 등에 특별한 제약이 없으며, 고졸 이상의 학력이면 가능합니다. 보통 관련 업체에 입사하여 사내의 자체교육이나 위탁교육을 통해 일을 배웁니다. 전화상으로 직접 고객과 마주치지 않고 서비스를 해야 하므로 전화 매너를 갖추어야 하며, 오해가 없도록 보다 고객 서비스 마인드가 필요합니다. 또한 호텔의 경우 외국인과의 의사소통을 위해 외국어능력은 필수이며 객실형태, 객실정비 등에 관한 다양한 업무지식이 요구되어 보통 프론트에서 경력을 쌓아서 일하는 경우가 많습니다. 오더테이커는 다양한 고객의 요청을 들을 수 있어야 하므로 외국인 투숙객이 많은 호텔의 경우 외국어 능력을 최우선으로 합니다.

항공/관광분야 진로 직업 이야기

- 관련 호텔에 입사하여 사내 자체 교육이나 위탁교육을 통해 일을 배우는 것이 일반적
- 철저한 서비스 마인드가 필요
- 적절한 외국어 능력은 필수
- 보수는 일반적으로 연봉 2,000만 원(세전)

필요한 덕목

- 오더테이커는 대체로 24시간 3교대로 근무
- 온종일 전화와 씨름하며 긴장한 상태로 일하게 되므로 체력 요구
- 호텔 객실형태, 객실정비 등에 관한 다양한 업무지식이 요구
- 고객의 요청에 꼭 맞는 신속한 서비스를 제공하는 것은 물론 객실상태 등 세세한 부분까지도 알아야 하기 때문에 매우 꼼꼼하고 치밀한 성격
- 센스를 발휘하여 재치 있게 일을 처리할 수 있는 요령

채용회사

- 국내외 모든 호텔(주로 호텔 근처에 거주하는 사람을 선호)

채용절차

각 호텔의 정해진 이력서 양식 작성/온라인 지원 → 서류 합격 → 구두 면접 → 합격자 발표 → 직무 훈련 → 최종 합격

오더 테이커 채용공고

- 모집직종 : 오더테이커
- 근무장소 : 호텔 · 리조트
- 직무내용 : 객실관리 오더테이커
- 모집인원 : 1명
- 채용형태 : 정규직
- 학력 : 2년제 대학 졸업, * 관광계열, 어학계열 전공자 우대
- 자격면허 : 특이사항 없으나 외국어 청취 및 회화능력 우대자
- 연령 : 20대
- 임금 : 연봉 1,700~1,800만원
- 상여금 : 별도 지급
- 근무시간 : 09시~18시까지
- 근무형태 : 주 5일(주중휴무), 일 8시간
- 휴무일 : 주중휴무, 공휴대체휴무
- 4대보험 : 가입
- 준비서류 : 이력서 & 자기소개서
- 복리후생 : 건강검진, 유니폼 지급, 하계휴가비 지급, 식대지급, 경조휴가 및 경조금 지급
- 접수마감일 : 2016-11-06

룸 메이드(Room maid), 룸 스타일리스트(Room stylist)

✈ 직업의 개요

1992년 리츠칼튼 샌프란시스코 호텔은 미국 내 생산성과 품질
이 뛰어난 기업에게 주는 "말콤 볼드리지" 대상을 받았습니다. 이
소식과 함께 한 사람이 유명세를 치렀는데요, 호텔 총지배인도, 유
명 주방장도 아닌, 리츠칼튼 호텔의 룸메이드 '버지니아 아주엘라
(Verginia Azuela, 여성, 51세)'였습니다.

필리핀 출신인 아주엘라(Azuela) 씨는 1974년 27세의 나이에 아메리칸 드림
을 꿈꾸며 기회의 땅 미국에 건너 온 평범한 아주머니입니다.

그녀의 최종학력은 고등학교 졸업, 그런 그녀가 선택할 수 있는 직장은 극
히 제한적일 수밖에 없었고 미국에서 얻은 첫 직장은 홀리데이 인 호텔의 청
소부였습니다, 이것이 그녀의 평생직업이 된 것이에요~

아주엘라씨는 전업 주부로 잠시 호텔일을 그만 둔 몇 달을 제외하고는 르
메리디언 호텔 등지에서 20여년간을 호텔 객실 청소부로 일을 해왔고 그녀
가 샌프란시스코 리츠칼튼 호텔의 청소부로 일하기 시작한 것은 이 호텔이
영업을 개시한 1991년 4월부터 그녀는 입사 후 리츠칼튼으로부터 총괄품질
경영에 관한 교육을 받았습니다. 주된 내용은 최고의 품질(호텔 서비스)을 고객
들에게 제공하기 위한 일련의 전사적 노력에 관한 것이에요~

당시 대다수의 동료들은 허드렛일을 하면서 '웬 품질경영'이냐면서, 이러
한 교육을 가볍게 취급했었으나 아주엘라는 달랐습니다. 그녀는 자신이 하
는 일을 결코 아무나 다 할 수 있고 단순히 몸으로만 때우면 되는 임시일로
여기지 않았고 그녀는 "지난 20년의 경험을 통해 깨달은 점이 하나 있습니
다. 호텔에 대한 투숙객의 만족도는 대부분 객실 서비스에 의해 좌우된다는

점이죠. 객실 서비스는 호텔의 이미지를 결정짓는 가장 중요한 업무입니다."라고 말했어요^^

하지만 상당수 호텔들은 이 점을 간과하고 있다고 그녀는 설명합니다. 고객이 호텔에서 가장 긴 시간을 보내게 되는 곳은 결국 객실 안이라는 평범한 사실에도 불구하고, 대부분의 호텔이나 호텔 직원들은 이런 사실에 주목하지 못하고 있다는 것이었어요. 더구나 다른 서비스들과는 달리 객실 청소와 정돈 서비스는 고객과 서로 얼굴을 맞대지 않은 상태에서 이루어지기 때문에 더욱 세심한 주의와 노력, 그리고 가족과 같은 끈끈한 애정이 필요하다고 그녀는 대답했습니다.

"객실 청소를 하면서 언제나 '고객만족 제일'이라는 총괄품질경영의 구호를 떠올렸죠. 작업하면서도 늘 고객에게 더 큰 만족을 선사하기 위한 더 나은 방법을 생각했습니다. 그리고 이를 실천했죠." 객실 서비스의 사소한 것 딱 하나 때문에 고객이 호텔에 불만을 갖게 된다면, 반대로 작은 것 하나에도 감동을 받을 수 있다는 평범한 사실을 현장에서 찾아낸 것이었어요^^

청소도구와 비품을 담은 그녀의 카트에는 작은 메모수첩이 하나 걸려 있습니다. 수첩 안에는 그녀가 서비스해왔던 객실 고객들의 특징과 습관 등이 일목요연하게 정리되어 있고 이를 바탕으로 그녀는 두번째 오는 고객에 대해서는 그들이 원하는 맞춤형 객실 서비스를 제공하고 있는 것이었습니다. 예컨대 수건을 많이 필요로 하는 고객이나 객실 비품의 위치를 달리해 주길 원하는 고객, 그리고 〈월스트리트 저널〉 외에 〈US 투데이〉를 원하는 고객 등, 고객마다 다른 취향과 습관에 서비스 초점을 맞추는 것이에요~

그녀가 고객들의 이름까지 외우는 이유도 바로 여기에 있다고 해요~ 복도에서 만나는 투숙객에게 그의 이름과 함께 인사를 건네면 흠칫 놀라면서도 기분 좋은 인상을 갖는다는 게 그녀의 설명이죠…

그 밖에 그녀는 청소작업의 생산성 향상을 위해 베드메이킹(침대보 정리)의 방법이라든가 욕실 청소의 작업방식도 개선했고 객실 청소 중 가장 손이 많이 가는 작업은 베드메이킹입니다. 침대보를 깔기 위해서는 적어도 대여섯 번 이상 침대 주위를 오가야 하는 수고를 하게 되며 리츠칼튼호텔은 베드메이킹 작업의 과학적인 동작연구와 시험을 통해 2인1조 작업이 가장 효율적이라는 결론을 내렸습니다.

　하지만 아주엘라씨는 한발 더 나아갔어요~~

　세탁된 침대보를 아예 침대 사이즈에 맞춰 침대보를 까는 순서의 역순으로 접어둘 경우 작업 속도를 더 높일 수 있음을 알아냈고 그리고 이를 실천에 옮김으로써 더욱 손쉽고 깔끔하게 침대보를 정리할 수 있게 되었습니다. 그렇게 함으로써 2인1조의 객실청소의 생산성이 더욱 배가될 수 있었음은 물론이고 그녀는 또 객실 청소에서 발견된 각종 문제점과 그 해결 과정이 매니저를 거치기 때문에 더디게 이루어지고 있는 점을 개선했습니다. 종전의 시스템에서는 문제가 해결될 때까지 고객만족이 실종될 수 있기 때문이며 바로 이러한 점에 착안, 그녀는 〈문제발견→ 즉시 해결 → 사후 보고〉 과정이 고객을 진정으로 생각하는 접근 방법이라고 본 것입니다.

(출처 : 디자인 호텔)

    관광지 호텔 객실에 들어서자마자 환호성을 울리며 침대 위로 풀썩 몸을 던지는 TV 드라마 속 주인공, 여러분도 한 번쯤은 흉내 내고 싶은 장면이지 않나요? 하지만 비용과 시간 때문에 고등학교 시절에서는 자주 시도하실 수 없을 겁니다. 평소에는 푹신하고 향내 나는 침구 대신, 학원이나 집 공부방의 쾌쾌한 냄새와 먼지를 대면하기 십상이거든요! 따라서 위에서 설명드린 것처럼 룸메이드는 호텔에서 관광객이 만족하도록 호텔 객실 정리를 담당하는 사람이에요~

    이들의 임무는 퇴실한 객실 및 손님이 사용 중인 객실을 청소하여 객실을 다시 사용하는 데 차질이 없도록 하는 것이 정해진 업무입니다.

    이제 호텔 룸메이드의 하는 일과 자격, 보수에 대해 알아 보도록 해요^^

🛬 주로 하는 일

- 투숙객의 안락함과 청결, 편의를 위해 객실 청소와 정리정돈
- '챔버메이드(chamber maid)', '룸 스타일리스트'라고도 불림
- 청소도구 및 객실용품(침대시트, 테이블보, 타월, 화장지 등)을 준비해 운반 기구(카트)에 싣고 다니며, 방금 퇴실한 방부터 정돈
- 침대시트와 베개커버, 이불 등 침구 교체
- 사용한 수건이나 고객의 개인 세탁물을 수거
- 욕실 청소하고, 수건과 화장지, 비누 새것으로 비치

🛬 자격 및 보수

- 특별한 자격이나 학력, 연령 등의 제한 없음
- 인원 충원이 필요할 때마다 선발
- 용역업체에 채용되어 의뢰업체에 파견되는 경우가 대부분
- 경력자를 선호
- 주부들의 가사 경험과 노하우 갖춘 자
- 일반적으로 연봉 2,200만원 이상(세전)

🛬 필요한 덕목

- 1일 8시간 근무, 체력적인 부담으로 건강한 체력 요구
- 몸에 배인 서비스 정신
- 성실함과 희생정신 요구
- 두고간 호텔 고객의 물건을 찾아줄 수 있는 정직함

✈ 채용회사

- 국내외 모든 호텔(주로 호텔 근처에 거주하는 여성 선호)

✈ 채용절차

각 호텔의 정해진 이력서 양식 작성/온라인 지원 ▶ 서류 합격 ▶ 구두 면접 ▶ 합격자 발표 ▶ 직무 훈련 ▶ 최종 합격

고려궁 전통한옥 호텔 룸메이드 채용

1 모집부분 및 지원자격
- 사업체명 : 고려궁 전통한옥 호텔
- 직무내용 : 룸 정리
- 우대조건 : 여성 우대
- 모집인원 : 2명
- 지원자격 : 학력, 경력 관계없음

2 근로조건
- 급여 : 연봉 1,800만원
- 근로시간 : 09:00~18:00 (주 6일 근무)
- 고용형태 : 계약직(계약기간 12개월 만료 후 상용직전환 검토)

3 복리후생 : 4대보험, 퇴직금, 기숙사, 식사제공

4 전형방법 : 서류, 면접

5 제출서류 : 이력서 1부

6 기타 : 접수된 서류는 일체 반환하지 않으며, 제출된 서류에 기재된 내용이 사실과 다를 경우 채용을 취소할 수 있습니다.

숙박시설 전화교환원(Operator)

🛫 직업의 개요

일반적으로 전화교환원이라고 하면 1960~1970년대에 주로 일했던 국내 전신전화국의 전화교환원을 먼저 떠올리실 겁니다. 헤드폰을 끼고 손에 금속잭을 들며 여기저기 고객이 원하는 부서에 꽂아주는 모습이죠^^

그러나 이제는 스마트폰으로 국내는 물론 해외에서도 전화통화가 가능하여 전화교환원이라는 단어 자체가 낯설게 느껴질 수도 있겠네요.~^^

1960년대 통신이 본격적으로 발달하며 일반인들도 전화기를 사용하게 되었는데요, 당시는 전화교환원이 상대방을 연결해주는 수동식 연결 시스템이었습니다. 1970년대 위성통신 지구국이 설치되어 교환원의 중계 없이도 통화 연결이 가능해지면서 오늘날과 같은 전화기가 등장했고, 전화교환원이 더는 필요치 않게 되었습니다. 하지만 요즘도 호텔같은 특정한 곳에서는 전화교환원으로 일하는 사람들이 있다고 합니다.

스마트폰의 액정을 터치하는 것만으로 세계 어느 곳이든 연결하지 못하는 곳이 없는 시대에, 호텔에서 이분들은 과연 어떤 업무를 하는 것일까요?

숙박시설 전화교환원은 숙박시설인 호텔 투숙객의 요구사항을 접수받고, 이 내용을 관련 부서에 알려 호텔 투숙객이 원하는 서

비스가 빠르게 지원될 수 있도록 돕는 일을 합니다. 예를 들어, 투숙객이 객실에 있는 에어컨, BGM박스 등의 기기 조작법을 모른다거나 마실 수 있는 뜨거운 물이 필요할 때 프론트에 전화를 하면, 전화교환원이 받아서 고객이 원하는 서비스가 무엇인지를 파악합니다. 투숙객이 요청한 사항, 즉 간단한 기기 조작법이나

숙박시설 이용에 대한 사항 등을 숙지하고 있는 경우에는 직접 알려주고, 그 이상의 서비스가 필요한 부분은 호텔의 담당 관련 부서로 연결해 줍니다. 또 외부에서 걸려오는 전화를 객실로 연결하는 업무를 수행하지요. 이들은 보통 숙박시설 내 교환기와 컴퓨터 등이 구비되어 있는 교환실에서 근무합니다. 업무시간 내내 걸려오는 전화를 반복적으로 응대해야 하므로 정신적인 스트레스를 받을 수 있고, 항상 컴퓨터 모니터 화면을 응시해야 하기 때문에 눈의 피로감을 쉽게 느낀다고 해요. 업무 특성상 야간이나 주말, 휴일에도 근무해야 하는 경우가 많아 대부분 교대근무를 하게 됩니다.

이제 다음에서 숙박시설 전화교환원에 대해 자세히 자세히~알아보도록 하시죠^^

✈ 주로 하는 일

- 전화로 숙박시설 투숙객의 요구사항을 접수받고, 이 내용을 관련 부서에 알려 투숙객이 원하는 호텔서비스가 지원될 수 있도록 돕는 일을 함
- 외부에서 걸려오는 전화를 객실로 연결하는 업무
- 호텔 내 교환기와 컴퓨터 등이 구비되어 있는 전화교환실에서 근무
- 호텔예약상담과 서비스에 대한 각종 문의 응답 및 해당 부서 연결

✈ 자격 및 보수

- 고졸 이상의 학력
- 영어, 일어 등의 외국어 구사능력 필수
- 컴퓨터를 다룰 수 있어야 함
- 워드프로세서나 정보기기운용기능사 등의 자격 있으면 취업 쉬움
- 일반적으로 연봉 2,300만원 이상(세전)

✈ 필요한 덕목

- 전화를 반복적으로 응대해야 하므로 정신적인 스트레스를 받을 수 있음
- 항상 컴퓨터 모니터 화면을 응시해야 하기 때문에 눈의 피로감을 쉽게 느낌
- 업무 특성상 야간이나 주말, 휴일에도 근무해야 하는 경우가 많아 대부분 교대근무
- 친밀감과 신뢰감을 주는 밝은 성격
- 원만한 의사소통능력, 상황에 맞는 임기응변 요구

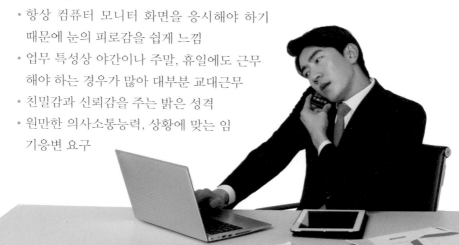

채용회사

- 국내외 모든 호텔(주로 호텔 근처에 거주하는 여성 선호)

채용절차

각 호텔의 정해진 이력서 양식 작성/온라인 지원 → 서류 합격 → 구두 면접 → 합격자 발표 → 직무 훈련 → 최종 합격

호텔 컨시어지(Concierge)

직업의 개요

학생 여러분들은 황금키를 아시나요?

골든키, 이는 '모든 문제의 열쇠를 쥔 사람'이란 뜻을 담은 표식으로, 세계 컨시어지 협회가 호텔 경력 최소 5년(순수 컨시어지 경력 3년) 이

상인 호텔리어를 대상으로 최소 4년간 까다로운 심사 과정을 거쳐 인증해주는 자격입니다. 아직 국내에 골든키를 가지고 활동하는 호텔의 컨시어지가 손에 꼽을 정도로, 골든키 자격을 인정받기가 쉽지 않다고 합니다. 호텔 컨시어지로 활동 중인 분의 말에 따르면, 골든키 배지를 달게 된 것은 대단한 영광이지만, 그 순간부터는 자기 스스로 '골든키'가 되어야 한다고 합니다.

즉, 언제 어디서나 고객의 어떤 주문과 질문에도 열쇠, 즉 멋진 해답을 제공해야 하는 사람^^

다시 말하면 호텔 내에서 서비스를 제공하는 다양한 사람들이 있지만 특히 컨시어지는 '서비스의 꽃'이라 불립니다. 본래 컨시어지(Concierge)는 프랑스에서 유래된 말로 중세시대 성을 지키며 초를 들고 성을 안내하는 사람(le comte des cierges, 촛불관리자)을 이르는 말이었지만, 현재는 고객을 맞이하며 객실서비스를 총괄하는 사람으로 그 의미가 확장되었습니다. 호텔에서 일하는 많은 호텔리어 중에서도 고객의 가장 가까이에서 일하는 사람. 호텔 로비에 위치해 있는 컨시어지 데스크에서 근무하며, 고객이 요구하는 모든 서비스를 제공하기 때문에 만능해결사로 통한답니다. 따라서 이들의 업무영역은 정확하게 정해져 있지 않습니다. 고객이 필요로 하는 정보 제공을 비롯해 고객이 원하는 일이라면 뭐든 해결해 준다고 보면 돼요.

이를테면 고객의 짐 들어주기에서부터 교통안내, 관광·쇼핑안내, 음식점 추천과 영화관 예약부터 고객이 직접 구하기 어려운 티켓을 대신 구매해주거나 기념품 구매대행에 이르기까지, 고객이 어려움을 호소하는 모든 사항을 신속하게 해결하는 등 고객의 개인비서 역할도 마다하지 않습니다.

컨시어지 데스크는 하루 24시간 3교대 근무로 운영됩니다.

컨시어지들은 항상 깔끔하게 외모를 정돈하고 업무에 임해요. 따라서 아침 이른 시각부터 당일 행사나 특별하게 대접해야 할 VIP가 있는지 일정을 확인하고 객실을 체크하며 업무를 시작하게 됩니다. 최대한 고객이 편안히 쉴 수 있도록 고객 개개인의 취향까지 확인하여 맞춤서비스를 제공하기도 해요. 고객에게 다양한 정보를 제공하기 위해서는 정보 습득이 무엇보다 중요하므로 틈틈이 인터넷이나 신문, 잡지 등을 보며 최신 정보를 수집하고, 다른 컨시어지분들과 정보를 공유하기도 합니다.

이제 호텔의 꽃인 컨시어지를 만나 보도록 해요~^**^

✈ 주로 하는 일

- 호텔 내 컨시어지 데스크에서 24시간 3교대 근무
- 고객이 요구하는 모든 서비스를 제공하기 때문에 일명 만능해 결사로 통함
- 고객이 필요로 하는 모든 정보 제공, 해결하는 역할

- 고객이 원하는 일을 법적·도덕적 테두리 안에서~~
  이를테면 공항에서의 영접 및 환송 서비스, 리무진 및 수하물
  서비스에서부터 교통안내, 관광·쇼핑안내, 문화·공연·엔
  터테인먼트, 고객이 어려움을 호소하는 모든 사항을 신속하게
  해결하는 등 호텔 고객의 개인비서 역할을 맡음

✈ 자격 및 보수

- 대학, 전문대학, 전문학교에서 호텔 관련학을 전공하거나 호텔
  전문 교육과정을 수료
- 호텔에 실습을 나가거나 인턴활동 등 실무경험을 쌓는 기회를
  잘 활용
- 수시채용을 통해 입사
- 영어, 일본어, 중국어 등의 외국어 실력 또한 중요하게 평가
- 우리말도 조리 있게 하고, 손님에게 신뢰를 얻을 수 있는 어투
  를 사용하는 법 필요
- 호텔마다 조금씩 다르지만 어느 정도
  경력을 쌓아야 함
- 기초적인 컴퓨터 활용능력
- 보수는 일반적으로 연봉 2,300만원 이
  상(세전)

✈ 필요한 덕목

- 고객의 입장을 먼저 생각하는 자세
- 눈썰미와 국제적인 매너
- 고객에게 일어나는 다양한 돌발상황
  에 빠르게 대처할 수 있는 상황판단

력과 현장대응력, 책임감, 정확성
* 최신 유행에도 민감하고, 고객이 무엇을 원하는지 빠르게 알아
  차릴 수 있는 센스
* 건강한 체력

✈ 채용회사

국내외 모든 호텔

✈ 채용절차

| 각 호텔의 정해진 이력서 양식 작성/온라인 지원 | 서류 합격 | 구두 면접 | 합격자 발표 | 직무 훈련 | 최종 합격 |

도어맨 & 벨맨(Door man and Bell man)

✈ 직업의 개요

하늘에 슈퍼맨이 있다면 호텔에는 도어맨/벨맨이 있다 ~!!

호텔을 방문할 때 가장 먼저 마주치는 사람이 누구일까요?

호텔에서는 로비에 발을 들이기도 전에 투숙객을 위한 서비스가 시작됩니다. 직업명만 들어도 어떤 일을 하는지, 얼핏 짐작이 가는 분들, 바로 도어맨(Doorman)입니다. 출입문 가까이에서 고객을 맞이하여 고객의 시중을 든다고 하여 도어맨이라고 하는데요, '현관안내인'이라고도 불립니다.

도어맨은 고객의 차가 도착하면 차문을 열어 고객이 안전하게 내릴 수 있도록 돕고, 벨맨에게 고객의 짐을 운반하도록 지시합니다. 고객이 호텔을 나설 때는 자가용을 호텔 입구에 대기시키고, 차문을 열어주고, 필요 시 택시를 호출해 주기도 해요. 호텔 현관 앞이 혼잡하지 않도록 주정차를 통제 · 관리하고, 고객의 요청에 따라 차량 주차 서비스를 제공하는 일도 중요합니다. 인근 관광지, 교통편 등의 정보를 제공하는 일도 이들의 몫이지요. 호텔의 입구 밖에서 가장 먼저 고객을 맞이하는 도어맨, 호텔의 첫인상을 심어주는 중요한 역할을 하고 있군요!

그리고 호텔에는 도어맨과는 달리 투숙객을 그림자처럼 수행하며 밀착 서비스를 제공하시는 분들도 있습니다. 바로 벨맨(Bellman)인데요. 호텔에 방문한 고객을 현관에서 맞아 객실로 안내하고, 호텔시설과 서

비스에 대한 정보를 제공하는 것이 주된 업무입니다.

도어맨의 신호를 받으면 고객의 짐을 대신 들고, 로비에 있는 프론트데스크로 고객을 안내합니다. 고객이 숙박에 필요한 등록절차를 밟는 동안 대기했다가, 등록절차가 끝나면 프론트데스크 사무원으로부터 객실 열쇠를 건네받아 고객을 객실까지 안내해요. 객실 내에 손님이 원하는 위치로 짐을 옮긴 후에는 TV, 에어컨, BGM BOX(침대 옆에 있는 라디오가 달려있는 책상)의 조작방법, 전화통화 방법, 도움요청 방법, 긴급상황 발생 시 대처방법, 비상구 위치 등을 알려줍니다. 장기투숙객 등 짐이 많은 경우도 있는데요, 이때는 중요한 짐을 먼저 옮기고, 나머지 짐은 손님을 객실로 안내한 후에 벨보이 왜건(bell boy wagon: 수하물을 옮기는 바퀴 달린 수레)을 이용해 옮깁니다. 고객이 퇴실할 때에도 벨맨들이 고객의 짐을 호텔 입구까지 운반해 주지요. 이외에도 손님에게 온 메시지와 우편물 전달, 세탁물 배달 등 잔심부름도 수행합니다.

호텔 출입문에서부터 물 샐 틈 없는 고객 서비스를 제공해 해결사 역할을 하고 있는 직업인으로 호텔에서 투숙객을 그림자처럼 수행하며 밀착 서비스를 제공하시는 분들……

전 서비스계의 슈퍼맨을 자처하는 도어맨과 벨맨, 그들을 만나보도록 하겠습니다.

✈ 도어맨이 주로 하는 일

- 호텔 출입문 가까이에서 고객을 맞이함
- '현관안내인'이라고도 불림

- 호텔 차량 주차 서비스 제공
- 호텔 주변 주정차 통제 · 관리
- 인근 관광지, 교통편 등의 정보 제공

✈ 벨맨이 주로 하는일

- 호텔을 방문한 고객을 현관에서 맞아 객실로 안내
- 호텔시설과 서비스에 대한 정보를 제공
- 객실 내에 손님이 원하는 위치로 짐을 옮긴 후에는 TV, 에어컨, BGM BOX(침대 옆에 있는 라디오가 달려 있는 책상)의 조작방법, 전화통화 방법, 도움요청 방법, 긴급상황 발생 시 대처방법, 비상구 위치 등을 알려줌
- 손님에게 온 메시지와 우편물 전달, 세탁물 배달
- 그 외 고객이 원하는 모든 문의 해결

✈ 자격 및 보수

- 학력, 전공 제한 없으나 전문대학이나 대학교에 호텔 관련 학과가 유리
- 외국인들과 간단한 대화를 나눌 수 있을 정도의 어학능력
- 나라별 정중한 인사법 등 국제적 매너
- 보수는 연봉 2,400만원 이상(세전)

✈ 필요한 덕목

- 궂은 일도 즐겁게 할 수 있는 서 비스 마인드
- 강한 체력

- 하루 24시간 3교대에 따라 밤이나 새벽에도 일해야 하고, 근무 시간 대부분 서서 일하는 등 육체노동의 강도가 센 편
- 빠른 상황 판단력, 눈썰미
- 실제로도 종사자의 대부분이 남성

✈ 채용회사

국내외 모든 호텔

✈ 채용절차

각 호텔의 정해진 이력서 양식 작성/온라인 지원 → 서류 합격 → 구두 면접 → 합격자 발표 → 직무 훈련 → 최종 합격

호텔지배인(Manager or Executive)

✈ 직업의 개요

존 제이콥 아스터

거센 폭풍우가 몰아치던 날 새벽 1시경, 미국 필라델피아의 작은 호텔, 비에 젖어 축축한 외투를 입고 커다란 여행가방을 든 노부부가 빈 방을 찾지요. 하지만 인근 주변도시에서 많은 행사가 열린 탓에 호텔 객실은 꽉 차 있었고, 다른 호텔도 상황은 마찬가지였습니다. 야간근무 중이던 호텔종업원은 비에 젖은 노부부를 어떻게든 모셔야겠다고 생각해 공손히 사정을 설명하고, 선뜻 본인의 방을 내주었습니다. 다음 날 아침, 노부부는 그 직원에게 당신같이 친절한 사람은 미국에서 제일가는 호텔의 지배인으로 일해야마땅할 사람이라고 덕담을 전하며 떠났습니다. 언젠가 당신을 위해 최고의 호텔을 짓겠다는 약속도 덧붙였지만, 당시 종업원은 호텔 투숙객의 인사치레로 받아넘겼지요. 그로부터 2년 후, 그는 뉴욕행 비행기표가 든 한 통의 편지를 받고 깜놀을 금치 못했습니다. 편지를 보낸 사람이자, 2년 전폭풍우 속에 객실을 찾아 헤맨 사람은 다름 아닌호텔 경영인인 존 제이콥 아스터였어요

당시 호텔종업원의 친절에 감격한 그가 정말로 뉴욕에 호텔을 지어 놓고 기다리고 있다며, 호텔의 총지배인이되어 줄 것을 바란다는 내용이었습니다. 진심 어린 친절을 베푼종업원은 결국 뉴욕 최고급 '더 월도프 아스토리아' 호텔의 초대 총지배인이 되었다고 해요~^^

호텔의 업무는 크게 객실부문, 식음료부문, 관리부문 등으로 나누어지는데, 보통 각 부서의 장을 호텔지배인이라고 하며, 이 모든 호텔 업무를 총괄하는 한명의 사람을 호텔 총지배인이라고 해요~

호텔지배인의 주 업무는 관계 부서의 제반 관리업무에 대한 계획을 수립하고 조정하며 종사원의 근무상태를 지휘하고 감독, 간부회의를 하며 대외적으로는 국제호텔 세미나나 외국 호텔 시찰 등의 일을 하고, 내부적으로는 간부직원 세미나, 연수단, 노사관리, 국내 손님 유치를 위한 호텔 신상품 개발에 관한 기획 등의 업무도 수행한답니다.

즉, 호텔의 짱! 짱! 짱!입니다.

이제 호텔의 짱~인 호텔 지배인을 알아보도록 해요^^

✈ 주로 하는 일

- 호텔의 모든 업무를 총괄하는 '호텔총지배인'과 '객실지배인', '식음료부지배인', '연회부지배인' 등 각 부서의 장을 모두 호텔지배인이라고 지칭
- 호텔 운영 전반에 관여
- 호텔지배인 역할 : 객실예약업무, 객실판매업무, 접객업무, 회계업무, 식당업무, 주방업무 등 호텔의 모든 업무 총괄, 즉 호텔의 모든 영역을 종합적으로 관리하여 호텔업무가 원활히 돌아가도록 하는 역할
- 호텔객실지배인 역할 : 호텔 객실부의 운영을 계획·유지·관

리하는 사람으로, 소속 종업원의 작업계획을 수립하고 원활히
운영되도록 지시하며, 효과적인 작업방법을 교육 · 훈련
- 호텔식음료부지배인 역할 : 해당 업장의 매출 증진을 총괄하
  고, 서비스 향상과 청결 유지를 관리 · 감독하고 매출과 동종업
  계 동향을 분석하며, 새로운 메뉴를 개발하고, 식음료부 직원
  의 서비스 교육 및 채용을 계획하고 관리
- 호텔연회부지배인 역할 : 연회장 관리, 연회이벤트, 각종 행사
  에 식음료의 제공, 진행업무 등 연회서비스업무 총괄
- 호텔현관지배인 역할 : 호텔 영업활동을 주로 하는 판촉지배
  인, 객실 배정과 퇴실, 고객의 불만을 해결하며 호텔 현관 종사
  원들의 업무를 지시하고 감독
- 당직지배인 역할 : 주간에 총지배인을 대신하여 근무

🛫 자격 및 보수

- 고등학교 졸업 이상, 특급호텔의 경우 대학교 졸업 이상의 학력
- 전형과정은 서류전형과 면접이 일반적
- 교육과정으로 전문대학 및 대학교의 호텔경영(학)과, 관광경영(학)과
- 관련 자격으로는 문화체육관광부에서 주관하는 호텔경영사,
  호텔관리사
- 신규인력을 호텔지배인으로 채용하는 경우도 있지만, 호텔 직
  원으로 일하다 지
  배인으로 진급하는
  경우도 많음
- 호텔마다 정말 많
  은 차이가 있으나
  일반적으로 연봉
  5,000만원 이상

✈ 필요한 덕목

- 리더십과 원만한 대인관계능력
- 봉사정신과 서비스 마인드가 투철한 사람
- 외국어능력은 물론 세계 각국의 문화에 대한 이해
- 몸에 배인 서비스 역량
- 타인을 배려할 수 있는 여유
- 적절한 신장과 외모

✈ 채용회사

국내외 모든 호텔

✈ 채용절차

각 호텔의 정해진 이력서 양식 작성/온라인 지원 → 서류 합격 → 구두 면접 → 합격자 발표 → 직무 훈련 → 최종 합격

(호텔 관련직업 자료출처 : 관광인 관광분야 직업안내)

국내/외 여행할 때 잘 모르는 곳에 대해서 설명해주고 안내해주는 사람을 만난 적이 있나요? 그런 일을 하는 사람을 여행(관광)가이드라고 한답니다. 국내뿐 아니라 외국을 여행하는 사람에게 여행지를 안내하고 숙박시설, 여행일정, 그리고 교통편을 안내해주어 우리가 편안하고 즐거운 여행을 할 수 있도록 도와주는 일을 하지요~

Chapter **10**

여행사 관련
직업
알아보기

10

여행사 관련 직업 알아보기

여행(관광)가이드(Tour guide)

✈ 직업의 개요

국내/외 여행할 때 잘 모르는 곳에 대해서 설명해주고 안내해주는 사람을 만난 적이 있나요? 그런 일을 하는 사람을 여행(관광)가이드라고 한답니다. 국내뿐 아니라 외국을 여행하는 사람에게 여행지를 안내하고 숙박시설, 여행일정, 그리고 교통편을 안내해주어 우리가 편안하고 즐거운 여행을 할 수 있도록 도와주는 일을 하지요~

투어가이드는 여러 지역을 여행하면서 많은 사람들과 만나는 직업이기 때문에 사람을 좋아하고 활달한 성격을 가지고 있는 것이 매우 필요합니다. 관광객을 인솔하는 리더십, 사람들과 잘 사귈 수 있는 역량이 필요하며 각 여행지마다 다른 언어와 문화, 역사에 대해 잘 알아야 합니다. 그리고 매우 중요한 한 가지....

관광가이드라는 직업을 가지는데 있어서 학력에 대한 부분은 큰 영향력을 주지 않습니다^***^

　우리 고등학교 학생들도 사람
을 대하는 일이 재미있고 외국어
에도 관심이 많으시면서 여행을
좋아하는 학생이라면 여행(관광)가
이드 일이 적성에 잘 맞으실 것
같습니다.

　여행(관광)가이드는 여행자들을
이끌고, 그 장소의 역사와 문화에 관하여 관광객에게 자세히 설명
하는 직업으로서 일반 상식부터 역사적 진실과 여담 그리고 신화,
미신, 음식 등의 아주 다양한 지식이 필요합니다.

　로컬 가이드(현지가이드)는 현지에서 활동하는 관광가이드를 말하
며, 로컬 가이드가 꼭 그 나라 사람을 지칭하는 것은 아니며 현지에
서 생활하는 자국민 또는 이민자도 가능해요~

　마지막으로 여행(관광)가이드는 국내에서 외국인을 상대로 하는
관광통역안내사(인바운드)와 해외에서 한국인을 상대로 하는 국외여행
인솔자 또는 현지가이드(아웃바운드)로 구분이 됩니다. 그리고 세부적
으로는 활동하는 외국어 및 지역에 따라서 구분이 되기도 합니다.

　이제 여행(관광)가이드에 대해 심도있게 알아 볼까요^^

✈ 주로 하는 일

- 내국, 외국 관광객에게 관광안내
- 여행장소의 소개
- 쇼핑장소의 소개
- 관광 중 여행객의 모든 불편사항 해소
- 관광객에게 해당 지역에 대한 설명

✈ 자격 및 보수

- 관광관련학과, 사설학원이나 교육기관을 통해 교육을 받을 수 있음
- 국내여행안내원, 관광통역안내사 등의 자격증을 취득해야 함
- 외국어 소통능력
- 해당 외국어에 대한 공인어학성적이 관광가이드 자격증 시험에 응시를 할 수 있을 정도의 실력
- 관광가이드의 소득은 자신이 활동한 만큼의 소득을 올리게 되는데 불과 몇년 전만 하더라도 관광성수기/ 비수기가 있어서

소득이 많을 때와 적을 때의 편차가 컸었지만 지금은 관광비수기가 없어져서 연중 높은 소득을 올리고 있음.
- 평균적으로 초임 경우 월 150~250만원대, 경력의 경우 월 300만원 이상

✈ 필요한 덕목

- 1개 이상의 외국어 구사 가능자
- 사람을 좋아하는 자
- 활달한 성격을 가지고 있는 자
- 관광객을 인솔하는 리더십
- 사람들과 잘 사귈 수 있는 능력

✈ 채용회사

국내외 여행사, 한국관광공사, 각 지방자치단체

✈ 채용절차

각 여행사의 정해진 이력서 및 지원양식 작성/온라인 지원 → 서류 합격 → 구두 면접 → 합격자 발표 → TC 직무 훈련 → 최종 합격

투어플래너(TRIP ADVISOR)

✈ 직업의 개요

사실 투어플래너라는 말 자체가 생긴지가 얼마 되지 않았으며, 정확히 투어플래너라는 단어의 정의와 역할에 대한 규정이 없어요~^^

일반적인 여행상품을 만드는 여행상품 기획팀의 경우의 업무와 비슷하고요~

설명드리면 기획팀 가운데는 항공담당과 수배담당이 있습니다. 쉽게 설명하면, 일본 동경을 여행하는 상품을 만든다고 할 때, 항공담당은 말 그대로 항공권의 스케줄, 요금, 우리가 만들 상품의 항공 좌석수 등을 담당해서 기획하고, 수배담당은 현지 호텔, 버스, 관광지, 일정 등을 잡게 됩니다.

한마디로 말하면 여행상품을 기획하는 업무이지요.

우선 사업의 영역과 형태는 일반적인 여행사와 같으나 여행사에서 하는 모든 일을 1인, 즉 혼자서 할 수 있다는 뜻입니다.

✎ 그럼 여행사 아니냐고요?

여행사 맞습니다. 다만, 1인 사업장이므로 사업을 위한 자본금과 회사를 운영하기 위한 경비가 들어가지 않을 뿐입니다.

어떻게 여행업을 자본금도 없고 운영비도 없이 할 수 있을까요?

해답은 여행업을 아시면 가능합니다.

우선 고객과 응대하고 업무를 처리할 수 있는 업무적인 지식만 있으면 자본금도 없고 운영비도 들어가지 않는 것이 여행업의 주된 특징이죠.

즉, 투어플래너는 선진국형 여행업입니다.

여행에 대해 말씀드리자면 여행이라는 것은 여러 가지 복합적 요소을 가지고 있기 때문에 '여행사' 즉 여행업을 전문으로 하는 사람의 도움이 꼭 필요합니다.

여행준비에서부터 여행을 다녀올 때까지 워낙에 다양한 메커니즘을 연결하여 하나의 여행상품이 만들어지기 때문입니다.

즉, 항공여정도 필요하고 현지에 가서 숙박과 식사 그리고 다양한 관광 또는 문화체험, 경험을 하려면 현지에서 교통수단도 있어

여행사 관련 직업 알아보기 ▪▪▪ Chapter 10

305

야 하며 비싼 돈 주고 하는 여행인데 만족할 만한 여행을 하려면 도움을 주는 사람도 필요하게 되며 모든 것이 여행 예산에 맞춰 설계된다면 더할 나위 없이 만족한 여행을 할 수 있겠죠.

그래서 이러한 일들을 '여행사'라는 곳에서 하고 있습니다.

✎ 그런데 왜 선진국 도심에는 '여행사'가 없을까요?

이유는 '여행사'가 필요 없어졌기 때문이 아니라 '여행사'와 같은 일을 하는 여행업의 구조가 바뀌었기 때문입니다. 인터넷과 IT 기술의 발전으로 사회적 소통구조에 따른 기업의 구조도 많이 바뀌었죠. 예전에는 10명이 하던 일을 컴퓨터 일처리의 발전으로 현재는 1~2명이 하는 시대입니다.

여러 명이 '여행사'라는 회사를 이루어 업무를 처리하던 일을 이제는 한 명이 처리해도 될 정도가 되었기 때문입니다 .그런 이유로 '여행사'라는 회사 단위의 조직보다 "투어플래너"라는 1인 여행업이 가능한 시대가 되었습니다.

✎ 그럼 앞으로도 유망한 직업인가요~

미국의 유명한 토크쇼 진행자인 오프라 윈프리는 Trip Advisor를 'Dream Job'이라는 표현으로 정의를 내렸습니다. 그만큼 유망하고 행복한 직업이라는 뜻이겠죠 ^*^

행복한 직업의 요소를 만족시킬 수 있는 "투어플래너"는 현재와 미래의 유망한 직업을 찾으시는 분에게 대안이 될 수 있는 직업군입니다.

그리고 투어플래너, 투어코디네이터, 여행사오퍼레이터, 여행상품기획가, 시스템여행업은 동일한 직업을 말하는 겁니다.

자 이제 투어플래너에 대해 상세히 알아보도록 할까요^^

✈ 주로 하는 일

- 항공권 예약 및 발권
- 여행상품 기획 및 개발
- 항공권 판매
- 여행지 지상수배
- 여행고객 상담
- 여행상품 마케팅
- 여행에 관한 각종 대행 업무 등을 수행하는 직무

✈ 자격 및 보수

- 항공예약관리 시스템인 토파스, 아바쿠스 실행 가능자
- 2, 4년제 대학, 전문대학, 전문학교 졸업이 유리

- 영어나 기타 언어 1가지 정도의 공인시험 점수가 있어야 함
- 여행사 근무 경력자
- 해외 거주 경험이 있으시면 매우 유리
- 보수는 5년차 경력직원 2,000~3,000만원

✈ 필요한 덕목

- 1인 여행업 체제이므로 멀티태스킹 능력 소지자
- 항공권 예약 및 발권에 관한 지식
- 외국어 2가지 정도 구 사능력
- 고객 상담에 필요한 상담사 역할
- 고객의 의뢰를 묵묵 히 처리하는 성실함
- 일단 판매한 여행상 품에 대한 책임감
- 한국관광통역연합회 운영 "4개월짜리" 투 어플래너 과정 이수 하면 좋음.

✈ 채용회사

항공사, 유학원, 관광청, 여행관련 언론사

채용절차(여행사 근무 시)

각 여행사의 정해진 이력서 및   서류   구두   합격자   TC 직무   최종
지원양식 작성/온라인 지원   합격   면접   발표   훈련   합격

투어익스프레스 해외항공부 투어플래너 모집공고

1 채용부문
- 해외항공부 투어플래너(영어가능자)
- 인턴 : ○명(3개월 인턴 후 정규직 채용)

2 기본요건
- 영어가능자(입사지원 시 관련 점수 필히 기재)
- 해외여행 결격사유가 없는 자
- 여행에 관심이 많고 적극적인 사람
- 군필 및 면제자

3 우대조건
- 토파스/아바쿠스 예약 & 발권 가능한 자
- 관광계열 졸업생
- 여행사 근무 경력자
- 국가유공자

4 진행일정
- 제1차 서류전형 - 이메일 제출(이메일 전송 시 제목에 입사부서 필히 기재)
  예) [해외항공_인턴]홍길동 / [해외항공_경력]홍길동
- 제2차 면접(서류전형 합격자에게 개별 연락)

5 제출서류
- 이력서 1부 : 학점 및 관련 자격증 필히 기재 요망
- 자기소개서 1부

크루즈 승무원(CRUISE CREW)

✈ 직업의 개요

"니하오~ 안녕하세요. ○○○ 크루즈에 승선하신 것을 환영합니다."

중국 상하이에서 출발하는 8만 6,000t급 크루즈선인 '코스타 아틀란티카호' 한국인 크루즈 승무원이 환한 미소로 한국의 여행객들을 맞이합니다. 코스타 아틀란티카호는 길이 293m, 폭 32m로 아파트 10층 규모입니다. 배 안에는 대형식당, 연회장, 수영장, 게임장, 공연장, 피트니스센터, 카지노 등을 갖추고 있습니다.

그는 크루즈선에 첫 탑승해 어리둥절해 하는 여행객들에게 선내 곳곳을 안내했어요~

각종 편의시설을 어떻게 이용하는지, 유의해야 할 점은 무엇인지도 친절하게 설명해주었고 크루즈선의 맛있는 음식과 수영장 사용법, 마지막으로 선상사고 및 해양사고 시 대피법에 대해서도 아주 상세히 설명해 주었습니다. 또한 한국인 크루즈 승무원은 "언제든

불편한 것이 있으면 불러 달라."며 자리를 떠났습니다. 2,600명이 탑승할 수 있는 코스타 크루즈의 전체 승무원은 700여명. 이중 한국인 승무원은 총 3명이며 아시아 크루즈 시장이 급성장하면서 크루즈선에 탑승해 관광여행객들을 돕는 '바다 위의 스튜어디스' 한국인 크루즈 승무원이 시장의 주목을 받고 있습니다.

크루즈선이란 호화여객선을 말해요~ 즉,

배 안에 대형식당, 연회장, 수영장, 게임장, 공연장, 카지노 등을 갖추고 있으며 내부에는 각종 샹들리에와 명화로 고풍스럽게 장식돼 있고 객실은 국내 우수 호텔급 이상으로 되어 있으며 바다 건너 주요국을 방문하는 국제적인 관광이 크루즈 관광의 전형이에요.

예전에는 주로 노년층이 많이 이용했으나 현재는 신혼여행, 결혼기념여행, 가족여행 등 젊은 층도 많이 이용한답니다.

요즘 국내에서는 크루즈선이 유람선과 혼동돼 사용되는 경향이 있는데 울산 앞바다에 나가 고래를 관찰할 수 있는 고래크루즈, 포항운하를 운행하는 포항크루즈 등이 있지만 엄밀히 말하면 유람선 (an excursion)이에요^^ 그리고 부산과 일본, 혹은 인천과 중국을 왕복

하는 대형 여객선은 엄밀하게 말하면 페리(ferry)라고 지칭합니다.

이제 크루즈의 꽃 크루즈 승무원에 대해 자세히 알아보도록 해요^^

✈ 주로 하는 일

- 여행객들을 위한 각종 편의를 제공하는 역할
- 항공기로 치자면 스튜어디스/스튜어드로 보면 됨.
- 여러 분야가 있는데 식음료 분야(레스토랑 매니저), 바 분야(바텐더, 바 웨이터), 호텔 분야(객실 관리), 엔터테인먼트 분야(마술쇼·카지노 등), 투어 분야(기항지의 관광프로그램 제작 및 안내) 등 크루즈의 모든 분야에 배치되어 안내를 맡고 있음.
- 크루즈 선에 탑승한 탑승객에 대한 안내
- 여행객의 출입국절차 도움
- 여행객의 대피, 탈출 절차를 도움

313

✈ 자격 및 보수

- 언어 구사능력이 가장 중요~ 중급 이상의 영어능력을 갖추어야 함
- 한국인 승무원은 한·중·일 코스에서 투입될 가능성이 큼
- 일어와 중국어를 할 줄 알면 매우 유리해요^^

- 관광분야 경력자나 전공자를 우대
- 전문대, 전문학교 이상의 학력 혹은 이에 준하는 기술교육을 받으면 돼요^^
- 크루즈 선사마다 요구하는 인력이 다르기 때문에 그때그때 구직기준이 다를 수 있어요~
- 보수는 선박회사에 따라 차이가 아주 많아요.
- 일반 크루즈 승무원이라면 대략 연봉 1,400만~3,000만원 정도이고 매번 계약에 따라 급료가 달라질 수 있어요^^ 또한 근무부서에 따라 별도의 팁이나 커미션이 지급되기도 해요~

✈ 필요한 덕목

- 배 멀미를 참을 수 있는 강한 체력이 요구
- 한동안 배에서만 있어야 하므로 고향 생각하지 않기

- 서비스맨으로서의 투철한 사명감과 봉사정신
- 크루즈 선박에 대한 자세한 이해
- 승객 안전을 위한 해양안전의식

✈ 채용회사

국내외 크루즈 전용 선박회사

한국인 크루즈 승무원 채용은 로얄 캐리비안이 '레전드호'를 한중일 노선에 투입하면서 시작됐다. 대형 크루즈 한 척당 한국인 승무원이 3~5명 정도 탑승한다.

✈ 채용절차

각 크루즈 해운사의 정해진 이력서 및 지원양식 작성/온라인 지원 → 서류 합격 → 구두면접(영어 및 외국어 면접실시) → 합격자 발표 → 해양직무 훈련 → 크루즈 OJT → 최종 합격

국외여행 인솔자(TOUR CONDUCTOR)

✈ 직업의 개요

일반적으로 오직 한국어만 사용하는 우리나라 관광객이 한국어가 통하지 않는 해외에 나갈 때에는 그만큼 여행에 대한 부담감도 커지게 됩니다. 따라서 외국관광지의 낯선 장소와 지리 때문에 더욱 자세하고 상세한 준비 과정과 통역이 필요한데요^^

이러한 불편함 때문에 전문 해외인솔 가이드를 통해 해외여행을 떠나시는 분들이 점차 많아지고 있습니다. 특히 최근의 관광산업은 국내여행뿐 아니라 해외여행으로도 관심이 번지고 있고 작년 우리나라 국민 중 약 1억명이 항공기를 이용한 관광에 참여했다 합니다.

그래서 여행사나 항공사에서도 해외여행 프로모션 개발을 꾸준히 늘리고 있는데요.

이렇듯 자국민에 대한 해외여행 전문가이드를 담당하는 전문가를 "국외여행 인솔자"라고 해요~

쉽게 이야기하자면 대부분의 경우 여행사에서 모집한 단체여행객들과 국외관광지를 같이 동행하면서 그 일정을 무사히 마치도록 도움을 주는 멋진 직업입니다. 그러므로 직접적으로 여행사를 대표하여 손님들과 직면하게 되는 여행사 최전선 직원이라고 할 수 있겠지요.

그러기에 국외여행 인솔자는 국가에서 일정 자격시험을 본 후 합격한 사람들에게게만 자격증을 발행하고 있습니다.

그러나 바로 자격증이 있다고 해서, 여행사에서 자격증만 취득한 초보 인솔자를 그냥 믿고 단체 관광객들과 바로 보내기는 힘들거라 생각되는군요. 즉, 자격증을 취득한 후에도 여행사에 입사해서 소속을 가지고 학원 등에서 배우지 못한 실무경험을 쌓고 짧은 노선부터 선배 국외여행 인솔자 들과 같이 다녀오기도 하면서 차츰 경력을 쌓아야 합니다.

그렇기 때문에 현재 고등학교 학생 여러분께서 국외여행 인솔자를 지원하려면 평소 수업 중 영어에 대한 학습 및 역사, 지리, 사회 과목들에 대한 학습을 꾸준히 하셔야 하며 관광관련 실업계 고등학교나 전문대, 대학교의 관련 학과를 졸업하여 국외여행 인솔자 자격

KOTCA

한국국외여행인솔자협회
Korea Overseas Tour Conductors Association

증 시험을 치르고 발급받으면 됩니다. 비전공자의 경우 여행 관련 분야에서 6개월 이상 경력을 쌓아 교육을 받으면 자격증을 발급받을 수 있어요^^

본서의 마지막이고 이제 멋진 직업인 국외여행 인솔자에 대해 한 번 알아볼까요^^

✈ 주로 하는 일

- 외국을 여행하는 내국인을 안내
- 여행 출발부터 귀국할 때까지 관광객과 함께 움직이면서 일정에 따라 해외여행과 관련된 모든 일을 담당
- 여행객 비자의 파악, 현지 가이드와 일정 조율, 비용처리 문제, 사고발생 시 처리
- 국외여행 인솔자는 한국인이 해외여행을 가고자 했을 때 출발부터 한국으로 도착하는 순간까지 모든 것을 책임지고 여행객들을 인솔 및 안내를 담당, 즉....

"국외여행 인솔자는 해외여행객 일정의 전반을 담당하는 전문여행 가이드랍니다."

✈ 취득 방법

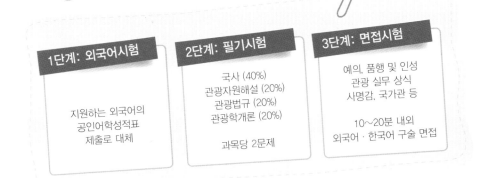

1단계: 외국어시험

지원하는 외국어의
공인어학성적표
제출로 대체

2단계: 필기시험

국사 (40%)
관광자원해설 (20%)
관광법규 (20%)
관광학개론 (20%)

과목당 2문제

3단계: 면접시험

예의, 품행 및 인성
관광 실무 상식
사명감, 국가관 등

10~20분 내외
외국어 · 한국어 구술 면접

✈ 자격 및 보수

- 여행업 경력 6개월 이
  상자며 문화체육부장
  관이 지정하는 소양교
  육 이수
- 문화체육관광부장관이
  지정하는 교육기관에서 국외여행 인솔에 필요한 양성과정 교
  육이수
- 관광통역안내사 자격 취득자
- 해외여행 경험이 있는 자
- 상가 두 가지 조건을 만족하는 자

국외여행 인솔자 자격증(TC)의 경우에는 3가지의 방법을 통해서
자격증 취득이 가능합니다.
- 관광통역안내사 자격증을 취득할 것
- 관련 대학의 학과(관광학과)를 졸업하고 양성교육을 이수할 것
- 여행사에서 6개월 이상 근무를 하고, 소양교육을 이수할 것 입
  니다.
- 토익 760점 이상의 어학성적이 필수조건-보수는 기대 이상입
  니다. 물론 수입이 일정하지 않은 부분이 걸림돌이기는 하지
  만 반대로 보면 내가 일을 많이 하면 그만큼 받아 갈 수 있는
  형평성 있는 직업입니다.

아시아쪽의 경우 가이드의 하루 일당은 대개 7만원으로 지급되
고 있어요~
하지만 관광옵션 등 부수입으로 행사 한번 시 약 50~70만원 정도
수입 가능하며 성수기를 제외하고는 보통 한달에 2, 3회 정도의 행
사를 맡는데 경기를 많이 타는 여행사의 특성상 비수기나 악재 (일본

과 역사 문제, 질병 등)가 터지면 그냥 일이 없어 쉬는 경우도 있습니다.

여행사 입사 후 정직원의 경우 처음 수습 3개월간은 적은 보수를 받게 되나 그 후 연봉제로 조정하는데 보통 신입은 1,300~1,500 정도입니다. 물론 경력과 연륜이 쌓이고 직급이 올라가면 그에 정비례하여 연봉도 올라가는데 가이드는 세미나나 회의, 산업체 방문이나 교류회 같은 전문통역 일거리 외 일반관광일 경우엔 거의 7만원 고정입니다. 우리나라 국민들이 해외여행을 가는 이상은 국외여행 인솔자에 대한 전망은 아주 좋아요^**^

필요한 덕목

- 해당 국가의 언어에 능통, 즉 중국어, 영어, 일본어 능통자(토익, HSK, JLPT 자격점수)
- 대형단체의 인솔경험
- 여행사 취업경험
- 해외 돌발상황(천재지변) 대처능력/판단력
- 응급환자 대처능력

- 사고의 유연함
- 관광사고를 미연에 방지하기 위한 통찰력

채용회사

국내 모든 여행사

채용절차(여행사 근무 시)

각 여행사의 정해진 이력서 및 지원양식 작성/온라인 지원 → 서류 합격 → 구두 면접 → 합격자 발표 → TC 직무 훈련 → 최종 합격

채용 모집 안내

1 채용 분야
- 해외여행 부문 Tour Conductor(인솔자)
- 근무지 : 서울

2 지원자격 및 우대사항
- 2년제 대학 이상 졸업(예정)자
- 국외여행 인솔자 자격증 소지자
- 영어/중국어/일본어 능력 우수자

3 전형 방법

서류전형 → 1차면접 → 2차면접 → 최종합격

4 공통 자격 요인
- 해외여행 시 결격사유 없는 자
- 군복무를 마쳤거나 혹은 면제되신 분
- 국가보훈대상자는 관계법령에 의거 우대

호텔/관광 관련 4대 국가 자격증 안내

다음과 같이 호텔/관광 관련 국가 자격증 4종류를 안내하니 여러분도 한 번씩 도전해 보세요~^^

업 종	자격증 종류	전형 관리	자격증 관리(발급)
여행업	1. 관광통역안내사	산업인력공단 (큐넷 www.q-net.or.kr)	한국관광공사
	2. 국내여행안내사		한국관광협회중앙회
	3. 국외여행인솔자	-	한국여행업협회(KATA)
관광숙박업	4. 호텔경영사		한국관광공사
	5. 호텔관리사		한국관광공사
	6. 호텔서비스사		한국관광협회중앙회
국제회의업	7. 컨벤션기획사1급	산업인력공단 (큐넷 www.q-net.or.kr)	산업인력공단
	8. 컨벤션기획사2급		
의료관광업	9. 국제의료관광 코디네이터		
문화관광해설	10. 문화관광해설사 (자격인증)	지방자치단체	-

관광통역안내사

✈ 관광통역안내사 자격제도 안내

관광통역안내사 자격증은 관광도 하나의 산업으로서 국가경제에 미치는 영향이 크다고 판단되어 문화체육관광부에서 실시하는 통역분야의 유일한 국가공인자격증입니다.

관광통역안내사는 국내를 여행하는 외국인 여행객에게 외국어를 사용하여 관광지 및 관광 대상물을 설명하거나 여행을 안내하는 등 여행 편의를 제공하는 역할을 수행합니다. (관련법령 : 관광진흥법 제38조)

✈ 취업정보

외국인 관광객을 대상으로 하는 여행업자는 관광통역안내사 자격을 가진 사람을 관광안내에 종사하도록 관광진흥법에서 규정하고 있습니다. (동법 제38조 제1항 단서 신설, 2009. 3. 2 일부개정)

🛫 관광통역안내사 자격제도 안내

- 응시자격 : [관광진흥법] 제38조 제5항(동법 제7조 준용)에 해당하는
  결격사유가 없는자
- 시험방법 : 제1차 시험-객관식 4지택일행/
  제2차 시험-면접
- 시험과목 :

구분	교시	시험과목	문항수	배점	시험시간
제1차 시험	1	1) 국사(근현대사 포함) 2) 관광자원해설	25 25	40% 20%	50분 (9:30~10:20)
	2	3) 관광법규 4) 관광학개론	20 20	20% 20%	50분 (10:50~11:40)
제2차 시험		면접시험 1) 국가관, 사명감 등 정신자세 2) 전문지식과 응용능력 3) 예의 · 품행 및 성실성 4) 의사발표의 정확성과 논리성			1인당 10~15분 내외

호텔경영사

✈ 한국관광공사 발급 관광종사원 자격증 안내

- 2009. 12. 31 관광진흥법 시행규칙 제47조 개정에 따라 2010년 도부터 이탈리아어, 태국어, 베트남어, 말레이-인도네시아어, 아랍어(총 5개 언어)가 추가됨
- 이탈리아어는 2015년 8월 현재 자격증 취득자 없음
- 2016년 상반기 특별시험 합격자 반영

✈ 자격증 개요

- 관광호텔업의 총괄관리 및 경영업무 담당자 양성을 위하여 문

화체육관광부에서 시행하는 국가공인자격증입니다. 관광사업체 중의 하나인 호텔에서 객실예약업무, 객실판매 및 정비업무, 접객업무, 회계업무, 식당업무 등 제반 호텔관리업무에 대한 계획을 수립, 조정하며 종사원의 근무 상태를 지휘, 감독하는 책무를 수행합니다.

✈ 자격증 취득 안내

- 시험제도, 응시자격, 결격사유 등 관련 상세안내는 한국산업인력공단 사이트 참조

호텔관리사

✈ 한국관광공사 발급 관광종사원 자격증 안내

- 2009. 12. 31. 관광진흥법 시행규칙 제47조 개정에 따라 2010년도부터 이탈리아어, 태국어, 베트남어, 말레이-인도네시아어, 아랍어(총 5개 언어)가 추가됨
- 이탈리아어는 2015년 8월 현재 자격증 취득자 없음
- 2016년 상반기 특별시험 합격자 반영

항공/관광분야 진로, 직업 알아보기

✈ 자격증 개요

• 관광호텔업의 객실관리 및 가족호텔업의 경영업무 담당자 양성을 위하여 문화체육관광부에서 시행하는 국가공인자격증입니다. 특2등급 이상 관광호텔업의 객실관리책임자 업무, 1등급 이하의 관광호텔업과 한국전통호텔업·수상관광호텔업·휴양콘도미니엄업 및 가족호텔업의 총괄관리 및 경영업무를 수행합니다.

✈ 자격증 취득 안내

• 시험제도, 응시자격, 결격사유 등 관련 상세안내는 한국산업인력공단 사이트 참조

문화관광해설사

✈ 한국관광공사 발급 관광종사원 자격증 안내

- 2009. 12. 31. 관광진흥법 시행규칙 제47조 개정에 따라 2010
  년도부터 이탈리아어, 태국어, 베트남어, 말레이-인도네시아
  어, 아랍어(총 5개 언어)가 추가.
- 이탈리아어는 2015년 8월 현재 자격증 취득자 없음
- 2016년 상반기 특별시험 합격자 반영

✈ 문화관광해설사란

문화관광해설사는 관광객의 이해와 감상, 체험 기회를 제공하기
위하여 역사·문화·예술·자연 등 관광자원 전반에 대한 전문적
인 해설을 제공하는 자원봉사자로 다음과 같은 역할을 담당합니다.

항공/관광분야 진로, 직업 알아보기

- 방문 목적이나 관심분야, 연령층 등에 따른 다양한 관광객들에게 각 지역의 문화유적 안내
- 문화유적에 대한 관광객의 이해를 돕기 위해 가벼운 이야기 위주의 해설로부터 역사 · 문화 · 자연에 대한 전문적인 해설
- 관광객들의 바람직한 관람예절과 건전한 관광문화 유도 및 문화재를 비롯한 관광자원 및 주변 환경보호를 위한 활동
- 영어, 일어, 중국어 등을 통해 외국인 관광객의 우리 문화에 대한 정확한 이해 전달

🛪 선발과정(예시)

- 신청자격 : 해당 지방자치단체 거주자로서 문화 · 역사에 대한 기본적 소양을 갖추고 관광객에게 유적지에 대한 해설과 이해를 돕는 자원봉사자 개념의 활동을 원하는 자
- 선발주체 : 지방자치단체
- 선발방법 : 자기소개와 문화관광해설사 교육을 선정하게 된 동기, 거주지역의 문화 · 관광 유적지 소개하기, 외국어 능력 테스트 등을 거친 후 면접관이 각각 질문하는 방식

으로 면접을 거쳐 소정의 교육과정 이수 후, 자격 부여

- 문의처 : 지방자치단체 관광과 등

✈ 교육과정(예시)

- 지방자치단체
  - 교육대상 : 문화관광해설사
  - 교육시간 : 연간 40시간
  - 교육내용
  - 기본 및 소양(지역 관광정책과 전망, 마인드 맵)
  - 안전교육(심폐소생술 등 응급처치)
  - 자연문화재, 역사, 관광산업(가야문화권의 이해, 선비들의 지리산 유람록, 이순신 다시 읽기, 경남지역 유교 건축물의 특징과 이해, 남부지방에 자생하는 수목의 특성과 이해 등)
  - 외국어(문화관광 영어, 일어, 중국어)
  - 현장 교육 등
- 한국관광공사
  - 교육대상 : 전국 문화관광해설사
  - 교육시간 : 2박3일(현장교육 포함)
  - 교육시기 : 연간 4~5회(분기별 1회)
  - 교육내용 : 전통건축 및 유교문화, 의료 한류관광, 서비스 마인드(K-스마일) 함양 및 안전 교육 등

부 록
Appendix

저자직강 항공/관광 진로, 직업 설명회 참가 신청서

작성하신 후 사진 찍어 저자에게 메일로 보내 주세요^^

저자직강 항공/관광 진로, 직업 설명회 참가 신청서			
이　　름		희망분야	
학　　교			
연락처(HP)			
이 메 일			

- 상담신청내용(내용이 있는 경우만 기록하세요^^)

- 본 "설명회 참가 신청서"를 작성하신 후 핸드폰으로 사진 찍어 저자의 이메일 (halibut-fish@hanmail.net)로 보내시면 100명 추첨해서 매년 9월 중순(토요일), "저자직강 항공분야 직업 설명회"에 참가할 자격을 드립니다.
- 사전 예약한 학생에 한해 저자의 직업설명회 끝나고 개인상담 가능합니다.
- 설명회 시간/장소는 당첨된 학생에 한해 메일/문자로 공지합니다.

항공서비스, 항공경영학과 면접 예상문제

✈ 일반질문(자기소개, 지원동기, 상식, 윤리 등)

1 자기소개를 해보세요.

2 우리 학과에 지원하게 된 동기에 대해 말해 보세요.

3 입학 후 자신의 각오를 말해 보세요.

4 친구들이 본인의 성격에 대해 무엇이라고 말하는지요?

5 자신이 행복한 이유 세 가지를 말해 보세요.

6 자신 성격의 장단점을 말해 보시오.(단점을 말할 땐 어떻게 극복했는지...)

7 가장 존경하는 인물은 누구입니까?

8 사람들과 친해지는 자신만의 방법을 말해 보세요.

9 평소 체력관리하는 방법에 대해 말해 보세요.

10 자신의 첫인상에 대해 다른 사람의 의견을 말해 보세요.

11 고교시절 활동이나 경험에 대해 말해 보세요.

12 스트레스 해소를 어떻게 하는지요?

13 자신을 색깔에 비유한다면?

14 감명깊게 읽었던 책이나 영화에 대해 말해 보세요.

15 객실승무원이 가지고 있어야 할 자질 3가지를 말해 보세요.

16 기내 서비스에서 가장 중요한 것은 무엇이라 생각 합니까?

17 가장 좋아하는 음식은?

18 자신이 평소 실천하고 있는 건강정보가 있으면 말해 보세요.

19 서비스에 있어서 미소가 중요한 이유에 대해 말해 보세요.

20 학창시절 가장 행복했었던 일을 말해 보세요.

✈ 전공적성 및 비전(서비스 적성, 직업관, 성격평가)

1 어떤 승무원이 되고 싶은지 말해 보세요.

2 자신의 어떤 면이 승무원에 적합하다고 생각 하십니까?

3 객실승무원에게 꼭 필요한 자질 3가지를 말해 보세요.

4 해외여행 기회가 생긴다면 어느 도시를 선택할 것인지 말해 보세요.

5 승무원이 되고 나서 10년 후 자신의 모습을 상상해 보세요.

6 본인이 생각하는 서비스는 무엇인지요?

7 비행기에서 하기 싫은 일이 주어진다면 어떻게 하겠습니까?

8 직장 상사가 부당한 지시를 한다면 어떻게 하겠습니까?

9 지원자보다 나이 어린 사람이 선배 행세를 한다면 어떻게 하겠습니까?

10 승무원이 반드시 갖추어야 할 덕목이 있다면 무엇인지요?

11 항공사 승무원의 장단점에 대해 말해 보세요.

12 가족들은 승무원이 된다는 것에 대해 어떻게 생각하는지요?

13 학창시절 받았던 기억남는 서비스에 대해 말해 보세요.

14 본인이 갖고 있는 항공사 승무원의 자질에 대해 말해 보세요.

15 외국인 친구가 온다면 추천하고 싶은 장소는?

16 비행근무 중 나와 성격이 맞지 않는 다른 승무원을 만난다면 어떻게 대처할 것인지?

17 승무원을 지원하게 된 동기에 대해 말해 보세요.

18 직장과 학교의 차이점은 무엇이라고 생각하는지?

19 비행기에서 난동승객이 발생하였을 때 어떻게 대처할 것인지?

20 만일 복권에 1등 당첨된다면 어떻게 할 것인지?

항공/관광영어 자료, 저절로 엮어가기

✈ 영어읽기

1 For your own safety, use of electronic devices such as portable radio, cd players, cellular phones and lap top computers are not allowed during take off and landing. Also, please be remind that this is a non smoking flight and smoking is not permitted during the entire flight.

2 Welcome aboard korean air flight 222 bound for sanfrancisco. Our flight time will be 10 hours after take off. We hope you enjoy flight.

3 Ladies and gentlemen.
It is our pleasure to welcome you to losangeles international airport. for your safety, please keep your seatbelt fastened until the captain turns off seatbelt sign.
Before leaving the aircarft, please check that there are no items left under your seat.
Thank you.

4 Ladies and gentlemen.

Accoding to safety regulations, all heavy or fragile items must be placed under your seat. And we would like you to pay attention when opening the overhead bin because its contents might fall our.

Thank you for your attention.

5 We will commencing our sky shopping service. Fine selections of world famous items such as liquor, cigarettes, perfumes and cosmetics are offered at duty free prices. For further information, please refer to the shopping guide in your seat pocket.

6 Ladies and gentlemen.

For entering Thailand please have your entry documents ready, please be sure to fill out the entry documents and for those who do not have the entry document, please ask the cabin attendants.

Thank you.

참고문헌

- 국회휴먼네트워크
- 다음백과사전
- 대한민국 항공보안협회
- 대한항공 홈페이지
- 아시아나항공 홈페이지
- 영종의 항공이야기
- 위키백과, 두산백과 사전
- 인천국제공항공사 사이트
- 인터넷통합검색사이트
- 진에어, 이스타항공, 티웨이항공 공군사관학교 홈페이지
- 취업 사람인
- 한국공항공사 사이트
- 한국관광공사 관광전문포털 관광인
- 한국항공진흥협회
- 한국호텔관광학회
- 한국호텔외식관광경영학회
- 항공정보시스템
- 항공정보포털 시스템

저자 소개

최성수

대한항공 승무원 입사
대한항공 하늘천사 단장
대한항공 승우회 회장
남북 최고위급회담 평양전세기 탑승근무(평양 2일 주재)
대한항공 객실승무본부 상무대우 수석사무장(31년 10개월 비행근무)
대림대학 항공서비스과 전임교수
한국교육학회 세종도서 교양부문 도서 심사위원
현) 항공서비스 연구회 이사
현) 한국몽골경상학회 이사
현) 한국항공보안협회 정회원
현) NCS 기반자격 항공객실서비스 교육, 훈련 프로그램 개발, 검토위원
현) 서울호서 직업전문학교 항공서비스과 전임교수
　서울호서 직업전문학교 항공경영과 전임교수
　서울호서 직업전문학교 항공학부 학부장
현) 사단법인 한국항공객실안전협회 협회장

수상경력
　국무총리상(항공교통부문)
　보건복지부 장관상(사회봉사부문)
　장시간 비행시간 돌파상(비행시간부문, 33,000시간, 지구 710바퀴)
　대한항공 특별공로표창
　대한항공 특별유공표창

저서(12권)
　항공기 객실구조 및 비행안전
　기내 식음료 서비스실무
　New 항공객실업무론
　NCS 기내 안전관리
　NCS 승객 탑승 전 준비 & 승객 탑승 및 이륙 전 서비스
　NCS 비행 중 서비스
　NCS 착륙 전 서비스 & 착륙 후 서비스
　NCS 승객 하기 후 관리
　NCS 응급환자 대처
　NCS 객실승무 관리
　NCS 항공 기내방송 업무
　국내최초 전국 150만 고등학생 및 예비 항공인을 위한 "항공/관광분야 진로, 직업 알아보기"

국내 최초 전국 150만 고등학생 및 예비 항공인을 위한

항공/관광분야 진로, 직업 알아보기

초판1쇄 인쇄 2017년 6월 20일
초판1쇄 발행 2017년 6월 26일

지은이   최 성 수
펴낸이   임 순 재

펴낸곳   **(주)한올출판사**
등 록   제11-403호
주 소   서울시 마포구 모래내로 83(성산동, 한올빌딩 3층)
전 화   (02)376-4298(대표)
팩 스   (02)302-8073
홈페이지   www.hanol.co.kr
e-메일   hanol@hanol.co.kr

ISBN 979-11-5685-589-7